盯紧你的前一名

朱治丞 著

江苏凤凰文艺出版社
JIANGSU PHOENIX LITERATURE AND ART PUBLISHING

图书在版编目（CIP）数据
盯紧你的前一名 / 朱治丞著. -- 南京 : 江苏凤凰文艺出版社, 2025. 9. -- ISBN 978-7-5594-9446-7
Ⅰ. G442
中国国家版本馆CIP数据核字第2025TM1178号

盯紧你的前一名

朱治丞 著

责任编辑 项雷达
图书监制 蔺亚丁
图书策划 元 元
封面设计 青空 · Great
责任印制 杨 丹
出版发行 江苏凤凰文艺出版社
南京市中央路 165 号，邮编：210009
网 址 http://www.jswenyi.com
印 刷 唐山富达印务有限公司
开 本 880 毫米 ×1230 毫米 1/32
印 张 6.5
字 数 80 千字
版 次 2025 年 9 月第 1 版
印 次 2025 年 9 月第 1 次印刷
书 号 ISBN 978-7-5594-9446-7
定 价 59.00 元

序言

Preface

从困境到觉醒：一位清华学子的真实学习历程

人们常常认为，能够考入清华这样顶尖学府的学生，其成长道路必定是一帆风顺的。他们仿佛天生就戴着光环，一路披荆斩棘，轻松地跨越了学习生涯中的每一道坎。然而，当我回顾自己的学习历程，并与身边同样优秀的清华同学们交流时，我发现事实并非如此。每个人的成长过程中都充满了各种挑战和困难，关键在于如何面对和克服这些困难。本书将记录我在学习生涯中的真实经历，从最初的困境到后来的觉醒与成长，希望能为大家提供一些借鉴和启示。

我的学习生涯，并非一帆风顺，而是充满了曲折和挑战。就像攀登一座高山，我跌跌撞撞，有时甚至想要放弃，但最终，我还是一步一个脚印，坚持走到了山顶。这段经历让我深刻地认识到，学习不仅仅是获取知识，更是对自我意志的磨炼，是对人生道路的探索。

小学阶段：从不喜欢学习到开始意识到学习的重要性

在小学一、二年级的时候，我对学习并没有什么兴趣。那时的考试只看重语文和数学成绩，而我这两门课的成绩常常排在班级的最后。每天中午，当其他同学出去玩的时候，我只能待在教室里补作业。那种感觉真的很难受，我能清晰地记得当时的心情——既羡慕又嫉妒，羡慕同学们可以自由自在地玩耍，嫉妒他们能够轻松地完成作业。而我，却像一只被困在笼子里的小鸟，眼巴巴地看着外面的世界，却无法自由飞翔。

这种状态持续了一段时间，直到三年级，我的父母请了一位老师来监督我放学后写作业，她会批改我的作业并教我学习方法。这位老师姓李，四十多岁，说话轻声细语，却有一种让人无法忽视的坚定。她不仅教我做作业，还耐心地为我讲解我不懂的知识点。

由于一年级和二年级所学的内容并不多，所以我在李老师的帮助下很快赶上了进度。记得第一次考进全班前十名时，那种成就感是无法用语言形容的。从那以后，我对学习的态度开始发生了变化，不再视之为一种负担，而是开始享受解决问题的乐趣。

不过，小学的学习相对简单，真正的挑战还在后面。当时我并不知道，初中的学习将会让我面临一个全新的世界，需要我付出更多的努力和毅力。

初中阶段：英语学习的转折点

即将升入初中时，我的父母开始担心我的英语成绩。当时我对英语学习应付了事，上课时常常发呆，下课后就去玩，学了几年英语，却几乎不认识什么单词。我的英语成绩一直是班级的“拖油瓶”，常常不及格。记得第一次英语考试，我连最基础的句子结构都不懂，单词也不认识。

我开始意识到英语学习的重要性，决心从头开始学英语。我买了一本语法书，逐字逐句地阅读和理解，连书中的例子也不放过，然后将我认为重要的知识点整理到笔记上。这是一种很朴素的学习方法，但只要认真去做，就很有用。我每天放学回家后，第一件事就是拿出英语书，不管多累，也要坚持学习半小时。有时候，我会把单词写在小纸条上，贴在镜子、冰箱、床头，随时随地都能看到。我甚至把英语句子唱出来，一遍又一遍地唱，直到记住为止。

刚开始，进步很小，甚至感觉不到任何变化。但我没有放弃，继续坚持。渐渐地，我开始能看懂简单的英语句子，能记住一些常用的单词和短语。我的英语成绩虽然不能说很好，但起码也不再是太差了。更重要的是，我从这段学习经历中体会到了坚持和毅力的重要性。面对任何学习上的困难，只要坚持下去，就一定能找到解决的方法。

初中阶段：语文学习的突破

在语文学习方面，我初中时对语文知识掌握得不多，第一次语文考试只得了7分，题目都是关于修辞手法和描写方法的，我全都不知道。后来，我的父母替我向学长学姐借了笔记，我反复翻阅，将笔记誊抄了四遍，终于记下了一大半的内容。这个过程并不轻松，我常常写到手酸，眼睛发涩，但我不停地告诉自己："坚持住！"抄写的过程不仅仅是机械地重复，更是理解的过程。

到了第三次考试时，我考了90分。当时，老师还问我妈妈我是怎么学的，我感到非常开心。那种喜悦是无法形容的，就像黑暗中突然看到了光明，那种希望和成就感让我充满了力量。

这次语文学习的经历让我明白了一个道理：学习不仅仅是靠天赋，更要靠努力和方法。只要找到适合自己的学习方法，坚持不懈地努力，就一定能取得进步。

高中阶段：数学与物理的挑战

升入高中后，我面临的挑战更加严峻了。高中数学和物理的学习难度大大增加，我常常感到力不从心。记得第一次月考，数学和物理我都考得一塌糊涂，数学甚至只得了 100 分左右。当时，我感到前所未有的压力。

然而，我没有选择放弃。我开始寻找适合自己的学习方法。对于数学，我买来了大量的习题集，每天坚持做题，从基础题开始，逐渐提高难度。遇到不会的题目，我就请教老师和同学，直到弄懂为止。对于物理，我开始注重理解概念，而不是死记硬背公式。我常常画图辅助理解，把抽象的物理概念具体化。

慢慢地，我发现自己在进步。数学成绩从100分提高到了130多分，物理成绩也从及格线提高到了良好水平（这个是真的，我们学校的同学高一物理成绩普遍在及格线上下，考题比较难）。这个过程虽然漫长，但每一步的进步都让我充满了信心。我开始相信，只要努力，就一定能克服学习中的困难。

高中三年，我经历了无数次的失败和挫折，但也收获了成长和进步。这段经历让我学会了如何面对挑战，如何在压力下保持冷静，如何通过自己的努力改变现状。

十二年求学生涯中的成长经历

这样的事情在我的十二年求学生涯中数不胜数。我写下这些经历，不是为了炫耀我的过去多么有趣，而是希望大家能够更全面地了解我，理解我的经历和感想。其中有些人或许正与我过去的境遇相似，我既是“过来人”，又是“当事人”。大家也并非什么都没经历过，现在请大家去想一想自己曾经的“坎”，应该也会与我现在的情况相同，有一种奇妙的感觉。我在这里写下我求学过程中的真实经历，讲述我是如何陷入困境，又是如何爬出来的，这些经历混杂着当时与现在的情感，或许可以为大家提供一些借鉴。

回顾自己的学习历程，我深刻地认识到，学习是一个漫长而艰难的过程，充满了挫折和困难。但是，正是这些挫折和困难，塑造了我们的意志力和抗压能力，让我们变得更加坚强和勇敢。

从困境到觉醒：我的学习哲学

受邀写这本书的时候，很多人可能对我过去的一些奇特经历知道得并不具体，这种巧合使得我觉得自己更有必要把这本书写出来。如果你现在认为你的学习生活困难重重，也许这本书会对你有所帮助。

在我的学习生涯中，我逐渐形成了一套自己的学习哲学：

首先，学习需要坚持和毅力。任何学习上的困难，只要坚持下去，就一定能找到解决的方法。学习不是一蹴而就的，需要长期的积累和努力。

其次，学习需要找到适合自己的方法。每个人的学习方式不同，重要的是找到最适合自己的学习方法。无论是抄写笔记、做题、讨论还是实践，只要能够帮助你理解知识，就是好的学习方法。

再次，学习需要积极的态度。保持积极的心态，相信自己能够克服困难，这是学习成功的关键。遇到挫折时，不要气馁，要勇敢面对，把失败看作成长的机会。

最后，学习是一个终身的过程。即使进入了清华这样的顶尖学府，学习也远未结束。大学只是学习的新阶段，需要我们继续努力，不断进步。

人们常常把学习比作一场马拉松，需要持久的耐力和毅力。确实如此。学习不是短跑，而是马拉松，需要我们持之以恒地努力。在这个过程中，我们会遇到各种各样的困难和挑战，但只要我们坚持不懈，就一定能到达终点。

我的学习历程充满了曲折和困难，但正是这些困难，塑造了今天的我。我相信，每个人的求学经历都是独特的，都有自己的挑战和收获。重要的是，我们如何看待和应对这些挑战，如何从困难中学习和成长。

希望我的经历能够为大家提供一些启示和帮助，让我们一起勇敢面对学习中的各种挑战，不断进步，不断成长。学习的道路上，我们永远都是学习者，永远在路上。

目 录
CONTENTS

第一部分
PART 1

启动减压舱

第二部分 PART 2

启动发动机

第三部分

PART 3

升级系统

第一部分

PART 1

启动减压舱

随着时间的推移，我逐渐明白了一个重要的道理：**不放下过去的得失，就无法专注于眼前的事情**。无论是月考成绩的不如意、父母老师的批评，还是内心的自我怀疑，这些都是对过去的自己的评价。正是这些过去的经历和行为，塑造了现在的我，让我成为一个值得评价的个体。因此，找到方法放下过去的得失，把注意力集中在当前的任务上，是至关重要的。

放下过去的得失，并不意味着否认或逃避过去的经验，而是以一种更加开放和接纳的态度看待它们。这些经历，无论是成功还是失败，都是成长的一部分。失败并不意味着终点，而是一个学习和改进的机会。通过反思这些经历，我可以从中学习，为未来的挑战做好准备。同时，我也要学会原谅自己的不完美，接受自己在成长过程中的局限和错误。

通过回顾这段心路历程，我希望能够与大家分享一些成长的感悟和应对挑战的方法。希望这些分享能够对大家有所启发，帮助大家在面对成长的低谷时，找到调整和安慰自己的方法，勇敢地迎接每一个挑战。

1.1 迷茫时，我会做些什么

迷茫是当代人身上普遍存在的状态，影响着众多学生的学习旅程。它如同一层无形的迷雾，笼罩着我们的学习视野，使我们难以清晰地看到前进的方向。这种感觉并非个人独有，而是在学生群体中广泛存在。当我们陷入迷茫时，每一天似乎都在重复同样的模式：学习、写作业、迎接考试，然后回到起点。这种循环让人感到时间既漫长又短暂，既充实又虚无。在这种状态下，我们常常怀疑自己的努力是否有价值，怀疑自己是否真的在进步。这种怀疑和不确定感，正是迷茫最典型的特征。

高中阶段尤其容易出现这种迷茫感。对许多人来说，高中是一个全新的学习环境，知识体系和学习方法与初中有着显著的不同。当我们从初中顺利过渡到高中时，往往会发现自己面对的是完全陌生的学习内容和要求。高中的学习不仅仅意味着知识量的增加，更是思维方式的转变。然而，并非每个人都能自然而然地完成这种转变。我们可能发现，即使掌握了知识点，在考试中依然会感到困惑；我们可能投入了大量的时间学习，却看不到明显的进步；我们可能感到自己在机械地完成任务，而没有真正地理解和吸收知识。这种状态不仅影响学习效果，还会逐渐侵蚀我们的自信心和学习动力。

我在高一时就曾经历过这样的迷茫。当时，我对高中学习的风格和要求感到完全陌生，不知道如何有效地学习，也不知道学习的目的和意义。我感觉自己像是一个提线木偶，每天按照老师的要求完成任务，却从未真正掌控自己的学习方向。直到我意识到这种状态必须改变，我才开始寻找突破的方法。通过主动管理时间、分析考试题目、调整学习方法，我逐渐走出了迷茫，找到了学习的方向和动力。这一过程不仅让我在学业上取得了进步，更让我对学习有了全新的认识和理解。

迷茫是一种复杂而多层次的心理状态，它不仅仅是简单的困惑或不确定。当我们在学习上陷入迷茫时，实际上是我们对学习的目的、方法和意义产生了根本性的怀疑和不确定。这种状态不仅仅是暂时的思考障碍，更是一种全面的学习态度和方式的迷失。它表现为对学习内容的陌生感、对学习方法的不适应、对学习进度的失控感，以及对学习成果的怀疑。这种状态会逐渐侵蚀我们的学习动力和自信心，使我们陷入一个恶性循环：越迷茫，越怀疑自己，越努力却越看不到成果，最终导致学习效率的下降和学业表现的不佳。

迷茫的一个核心特征是对学习缺乏控制感和方向感。当我们感到迷茫时，我们往往不知道自己在学什么，为什么学这些内容，以及如何有效地学习。我们可能投入了大量的时间和精力，却感觉没有真正地理解和掌握知识。我们可能机械地完成作业和复习，却从未真正思考和内化所学内容。这种被动和机械的学习方式不仅效率低下，还会逐渐削弱我们的学习兴趣和动力。我们可能开始怀疑自己的能力，怀疑自己是否适合当前的学习路径，甚至怀疑学习本身的意义和价值。

迷茫还常常伴随着一种时间感的扭曲。一方面，我们可能感到时间过得非常缓慢，每一天都像是在重复同样的任务和活动，没有变化和进展。另一方面，当我们回望过去时，又可能会感到时间过得非常快，几乎没有留下任何明显的痕迹或成就。这种时间感的矛盾和混乱进一步加剧了我们的迷茫和不安。我们可能开始怀疑自己的努力是否有价值，怀疑自己是否在浪费时间和精力，甚至怀疑自己是否在真正地学习和成长。

对于许多学生来说，迷茫是一种反复出现的状态，而非只存在一次的问题。我们可能在一段时间内找到了学习的方向和动力，但随后又会陷入新的迷茫和困惑。这种循环可能会让我们感到沮丧和无助，怀疑自己是否能够真正地克服迷茫，找到持续学习的动力和方向。然而，重要的是要认识到，这种循环是成长过程中的一部分，每一次突破迷茫的经历都是对我们学习能力和心理韧性的锻炼和提升。

当我们理解了迷茫的本质和表现，我们就能

够更好地识别和应对这种状态。我们能够认识到，迷茫并非个人的弱点或缺陷，而是学习过程中的一种正常反应，尤其当我们面对新的挑战和要求时。通过了解迷茫的本质和表现，我们能够更客观地评估自己的状态，更理性地寻找解决方法，而不是陷入自责和沮丧。我们能够认识到，突破迷茫需要时间和努力，需要主动地思考和调整，这是完全可能的，而且是每个人成长过程中必须经历的。

高一上学期，我处于一种持续的迷茫状态中。这种迷茫感并非突然出现，而是在日复一日的机械学习中逐渐积累和加深的。每天，我按照老师的要求完成作业，参加各种考试，却从未真正理解自己在学什么，为什么学这些内容，以及如何有效地学习。这种状态让我感到空虚和无力，仿佛自己只是一个提线木偶，完全失去了学习的主动权和方向感。

我的迷茫表现在对学习内容的陌生。高中的知识体系与初中有着显著的不同，抽象性和复杂性大大提高，需要更加深入和独立地思考。然而，我仍然习惯于初中的学习方式，被动地接受老师传授的知识，很少主动思考和探索。因此，当我面对高中的学习内容时，我感到一种强烈的陌生感和不适感。我不明白这些知识的意义和价值，不知道如何将它们联系起来形成整体的理解。这种陌生感让我感到不安和困惑，仿佛自己置身于一个完全陌生的领域，找不到任何熟悉的参照点和方向。高中的学习评价更加严格，学生需要通过各种考试和排名来证明自己的学习成果。然而，我对自己在这些评价中的表现感到不安和不确定。在高一上学期的全市统考中，我的成绩并不理想，在学校排了三十多名，在全市排了四十多名。虽然对一些学生来说，这可能已经很好了，但我知道自己的能力不止于此，也知道自己可以做得更好。这种怀疑和不确定让我感到沮丧和失望，仿佛自己无论多么努力都无法达到预期的目标和标准。

在这种持续的迷茫状态下，我的学习效果可想而知。我感觉自己投入了大量的时间和精力，却看不到明显的进步和成果。我机械地完成作业和复习，却从未真正理解和掌握知识。我参加考试时，常常遇到让我摸不着头脑的题目，即使对所考知识点很熟悉，也可能因为理解偏差而答错。这种学习状态不仅影响了我的学业表现，还影响了我的自信心和学习动力。

然而，正是这种持续的迷茫和困惑，让我开始反思自己的学习方式和态度。我意识到，如果继续这样下去，我的学习成绩只会越来越差，我需要做出一些改变。首先，我需要成为学习的主人，而不是被动地接受外部安排。这意味着我需要主动规划学习，明确学习目标，选择适合自己的学习方法。其次，我需要找到适合自己的学习节奏和方式，避免被外界的期望和要求左右。最后，我需要建立自己的学习标准和评价体系，不盲目地追求外部认可，而是关注自己的实际进步和成长。

这种反思让我开始尝试改变自己的学习方式和态度。我开始主动规划学习时间；我开始分析考试题目，理解出题意图，找到适合自己的学习方法；我开始寻找适合自己的学习节奏和方式，避免过度劳累，压力过大。

在高一下学期，我开始分析和理解考试题目，找出题目的重点和难点，理解出题意图和考查目标。通过这种分析，我能够更好地准备和应对考试，提高学习的针对性和效率。我开始收集和研究过去的考试题目，找出常见和重要的问题类型，理解这些题目的解题思路和方法。通过这种研究，我能够将所学知识与考试要求结合起来，避免盲目地学习和记忆。此前我常常在学习中分心和走神，无法长时间集中注意力，因此，我开始采取措施保持专注和注意力。例如，我在笔袋里放了一个提示性的纸片，每当我发呆的时候，眼睛扫过去，就知道该调整了。通过这种简单的提醒，我能够及时回到学习任务上来，保持学习的专注和效率。同时，我也开始创造有利于专注的学习环境，远离手机等干扰物，找一个安静的角落学习。通过这种环境的调整，我能够更好地集中注意力，提高学习的效率。

通过这些主动学习策略，我逐渐走出了高一的迷茫，找到了学习的方向和动力。我的学习效率得到了显著提高，我对学习的态度和方式也发生了积极的变化。从高一下学期开始，我从年级二三十名，前进到了年级前三名。这种进步不仅增强了我的信心，还给我一种满足感和成就感。通过这些主动学习策略，我不仅提高了成绩，还培养了自主学习的能力和习惯，为日后的学习和成长奠定了坚实的基础。

回顾这段经历，我深刻地认识到，迷茫不是个人的失败或弱点，而是一种在特定环境和条件下普遍出现的现象。它反映了我们对新环境、新要求的适应过程，反映了我们从被动学习到主动学习的转变过程。通过认识到这一点，我能够更加客观和理性地看待自己的学习状态，更加积极和主动地应对学习中的挑战和困难。这种认识不仅帮助我走出了高一的迷茫，还为我日后的学习提供了重要的指导和启示。

当我们学习陷入迷茫时，一个关键的转变是从被动接受到主动求知。这意味着我们需要从依赖外部安排和指导，转变为自主规划和管理自己的学习。这种转变虽然简单，但需要我们重新审视自己的学习态度和方式，需要我们主动承担学习的责任和挑战。在高一下学期，我正是通过这种转变，逐渐走出了学习的迷茫，找到了学习的方向和动力。

在我的经历中，成为学习的主人是一个循序渐进的过程，从简单的改变开始，逐渐发展到更深入和全面的转变。第一次在学校完成作业的那天，我就知道我做对了。虽然比之前投入了更多时间和精力，但我居然感觉自己的状态前所未有的好。被人牵着走鼻子会疼，走得也慢；被人推着走却会感到轻松，走得也快。从那天起，直到高中毕业，我几乎从来不带作业回家。一点小小的努力能带来很大的轻松和进步，我觉得这完全是值得的。通过这个小小的改变，我开始尝到主动学习的甜头，开始更有信心地进行更深入的改变。

在结束这篇文章时，我想对那些正在经历学习迷茫的学生说：你并不孤单，许多学生都经历过类似的困惑和挑战；不要放弃，通过主动思考和调整，你能够逐渐走出迷茫，找到学习的方向和动力；相信自己，你有能力克服这种迷茫，实现自己的学习目标和愿望。同时，我也想对自己说：迷茫是成长的一部分，通过经历和克服这种迷茫，我能够变得更加坚强和成熟，为未来的挑战做好准备。这种认识和态度，不仅帮助我走出了高一的迷茫，还为我日后的学习和成长提供了重要的指导和启示。

1.2 我感觉日子很煎熬

学习似乎总是伴随着痛苦和煎熬。无论是学生还是成年后继续学习的人，都曾有过这样的感受：每天面对大量的知识和练习，感到枯燥乏味，甚至有些厌烦。然而，学习是我们成长和进步的必经之路，如何在学习中找到乐趣，减少煎熬感，是许多人的共同课题。本文将探讨如何从学习的煎熬中找到乐趣，通过反思和系统化地解决错题来获得学习的满足感。

我必须说的一句实话是，学习的日子总是平淡的。自认为我的学习生涯充满波折的，从小学时的班级倒数，到初中的中上水平，再到高考进入清华。但这种波折，以十二年为一个单位。这十二年里，每天几乎都是重复的过程，无论努力与否，我必须认可，每一天都是大抵相同的。这样的日子，该如何让人不感到煎熬？

或许有人看到这里会认为，煎熬的状态是大家都会经历的，这种经历是一种苦，也是我们进步的阶梯。从我的经历来看，一个主动追求进步的人，绝不会长期处在这种状态之中，这也就是为什么，我们会看到有些学霸，他们每天很开心。

学习本身并不快乐，只有在看到进步和成果时，才能感到快乐。如果把学习当作业余爱好，或许能从中找到快乐。但学习充斥你的生活，一天中有大半时间都坐在那里学，你并不会觉得快乐。有些同学把音乐当爱好，那么他们学习的时候，确实是开心的，但我也见过一些同学的专业就是音乐，在他们眼中，或许学音乐就和我们学语数外类似。也就是说，学习的乐趣，并不在于学习这件事本身，而在于一个努力的人看到成果时的那种快乐，就像农民种地，劳动的过程当然是累的，但是丰收之年，他们应该都是快乐的。

那如何去获得这种快乐呢？想要即时反馈是很难的，就像我上面说的，每一天都是类似的，哪怕是黑马逆袭的过程，也要几个月，每一天的变化是很小的，就像减肥时每一天都很饿，但其实一天也就减个几两，二者道理是一样的。

我当时是怎么做的呢？回顾我刚才的文字，其实就是没有认识到自己的进步，每天做的题很多，但是大部分都是自己会的，剩下那小部分自己不会的，也没有时间精力去琢磨，去彻底把它搞懂，去系统化地把它搞懂，所以也学不到什么。

我大概从初中时就认识到了这一点，所以哪怕很煎熬，我也会挤出一点时间，去看自己的错题。纠错就是这样，答案之下往往还有答案，单单看一道错题，看不出什么，但连续看几道相同类型的错题，一眼就能知道问题所在，便也通晓了答题的要领。遇到难度大的题目，自己去解析，一步一步来，哪里的知识不会，就去重学，学一遍下来，便也会了。这样说貌似有些笼统，我举两个例子。

一是物理的动态平衡问题，单独看错题会觉得很乱，没有思路，但是同类型的题目放在一起看，便能看出只有几个出题类型。

二是化学的动态平衡问题，我记得整整一本书都是关于这个问题的讨论，很多同学对这个知识点感到困惑，其实用一个下午的时间连续做二十道这样的题，就能看出来，出题思路完全是一个模子出来的，如果你不信，可以试试看，我当时只用了很短的时间就攻克了这类题，后来再也没有做错过，它在我眼里变成了“送分题”。

有了这种经历，我发现面对一些题型时，确

实是能做到顿悟的。每每顿悟过后，我都要用几天时间来看看我的成果，反复训练，这时候其实是很开心的。两个月里，只要有这么一天，我就能从煎熬中爬出来。有了几次这种经历后，我便开始主动去做这件事，一方面去做新题，另一方面着重攻克错题。主观来看，我不觉得学习很煎熬，因为我很开心。

我也很享受当时和同学踢球的时间，虽然我踢得不好，但就是开心。上了大学之后，球踢得好多了，能踢的时间也相对较多，但一提起踢球，就少了高中时候那种兴奋和冲动。我觉得这也是那段煎熬的日子给我的一件小礼物，这是一种独特的心情与体验。

学习的煎熬是许多人在学习过程中都会感受到的，但通过适当的方法和策略，我们可以将这种煎熬转化为乐趣和成长的动力。通过这些方法，我们可以让学习成为一种享受，而不是一种负担。

同时，我们也应该学会平衡学习和生活，适当地休息和放松，以保持最佳的学习状态。希望本篇内容能够帮助你更好地理解和应对学习中的煎熬感，找到学习的乐趣和动力。

1.3 努力无果时，我如何排解自己的失望

努力无果，几乎贯穿着每个人的成长。它像一种隐秘的痛楚，潜伏在奋斗的阴影里，随时可能跳出来，猝不及防地将人击中。你明明已经拼尽全力，汗水浸湿了衣衫，时间被切割成一块块碎片，全身心地投入某个目标上，但现实却像一面冷漠的镜子，反射回来的，依旧是原地踏步的景象。更令人沮丧的是，因为结果不佳而受到别人的批评。那种无助与委屈交织的滋味，真是不好受。

努力无果带来的失望感，像一块湿冷的毛巾，悄然无息地捂在心口，那湿冷迅速渗透，让人感

到窒息。就像你使劲推一块巨大的石头，脸憋得通红，双臂青筋暴起，最后却惊愕地发现，那块冰冷的石头依旧顽固地待在原地，纹丝不动。更令人沮丧的是，你不仅没推动它，反而因为这份徒劳，让手磨得更疼，皮肤上留下火辣辣的刺痛。

这种努力无果带来的失望感，在学习、工作和生活中都极为常见。它不仅打击了我们的自信心，还可能影响未来的努力和决策。然而，重要的是要认识到，这种经历并非罕见，而是成长过程中的一部分。关键在于如何应对这些失望，从中学习，并继续前进。

记得高一的时候，虽然我的数学基础不错，但每次考试的最后一题总是让我感到棘手。那道题通常涉及复杂的概念和多步骤的推理，不仅需要掌握基础知识，还需要灵活运用创新思维。尽管我已经制订了一个详细的计划，每天做几套卷子，每道题省去简单的计算和步骤，专注于那些没有解题思路的难题，但结果却不如预期。

那段时间，我几乎拼尽全力，课间不放松，午休不睡觉，应付着那些密密麻麻的公式和图形。我以为，付出总会换来回报。然而，月考的最后一道题我仍旧没有完全做对，期中考的时候，情况也没有改善。大家看文字可能觉得没什么，但对我而言，付出的是切切实实的两个月，大半个学期都很努力。这种感觉真的很让我心酸。

就像你精心培育了一盆花，每天浇水施肥，盼着它开出最绚烂的花朵，结果它不仅没开花，叶子还黄了，蔫蔫的，毫无生气。那一刻，失望像潮水一样涌上来，几乎要把人淹没。所有的努力，好像都成了笑话，那些熬过的夜、做过的题，都变得毫无意义。我几乎从未像当时那样焦虑过，下课后在走廊上走来走去，不知道自己还能做什么，即使想做，也提不起兴趣。

这种经历让我深刻体会到，努力无果的失望感不仅是一种情绪体验，更会带来一种认知上的打击。你相信付出会有回报，相信努力能带来改变，却一次又一次地看到现实与期望之间的巨大落差，那种心理落差感几乎让人崩溃。

面对这种困境，我意识到需要采取新的策略来应对。我允许自己有一段时间的低落期。失望和沮丧是正常的情绪反应，我告诉自己，这是成长的一部分。我选择暂时放下数学题，去踢足球、听音乐，或者做其他我喜欢的事情，让自己的心情得到放松和调整。

几天后，当我稍微平复了一些，我开始反思自己的学习方法。我问自己："我的努力真的用对地方了吗？""我是在补短板，还是在做无用功？"通过诚实的自我反思，我逐渐意识到，尽管我已经做了很多练习，但我可能忽略了一些更深层次的思考。也许，这些难题不仅需要掌握基础知识，还需要一些创新的思维方式和灵感。

为了验证这一点，我请教了那些能够轻松解答这些难题的同学。通过与他们的交流，我发现自己在解题思路和方法上确实和别人存在一些差距。他们的解题方法往往更加灵活，能够从不同的角度看待问题，找到更简洁的解决方案。这让我意识到，除了勤奋练习，还需要培养自己的思维能力和创新意识。

另一个重要的领悟是，接受努力和结果之间可能存在的“时间差”。我曾经期望，只要付出努力，就能立即看到成果。然而，学习，尤其是成绩的提升，往往是一个循序渐进的过程。它像是爬山，有时感觉在原地踏步，有时甚至可能感觉在后退，但只要坚持不懈，最终还是会到达山顶。

高一下学期，我调整了自己的学习策略，不

仅继续练习，还注重培养自己的思维能力和解题技巧。渐渐地，我开始看到一些积极的变化。我开始能解出数学考试的最后一道大题，其他科目的成绩也有所提升，从班级的二三十名提升到了前三名。这个过程并非一蹴而就，而是通过持续的努力和调整实现的。

今天回过头来看，我深刻理解到，失望往往不是因为没有进步，而是因为进步没有达到我们“预期”的速度和程度。我曾经想着努力两个月就能把数学攻下来，了解了很多种难题的常规思路，这是进步，却不能苛求自己今后遇到所有难题都能轻松地解出来。考试的时候，我或许正是带着这样一种赌气的心态，才导致最后的大题做不出来。

今天努力，明天就想看到成绩，这是大部分人的正常心态。我提醒自己，接受努力和结果之间可能存在的“时间差”。就像种树，你只能负责浇水施肥，至于它什么时候发芽，什么时候结果，它有自己的节奏。接受这种不确定性，才能保证学习状态的稳定，才有成绩提升趋势的确定性。

在努力无果的时候，很容易陷入一种“我什么都做不好”“我努力也没用”的心态。这种无力感可能会带来更大的挫折，最终导致放弃。为了应对这种情况，我学会了通过完成一些“小而确定”的任务来重建自己的掌控感。

比如，把书桌整理得干干净净，完成一件之前一直拖着的小任务。这些小事能给我一种我能搞定的反馈，哪怕只是微不足道的小事，也能慢慢驱散无力感。

如果你不想做这些无关的事情，那就挑几道典型错题，不去懊恼“我怎么会错”，而是冷静地分析“我为什么会错”，是知识点没掌握？是思路错了？还是审题不清？还是心理上的原因？还是已经把该做的都做了，或许不是我的问题？这个过程不是在增加负担，而是把失望转化为具体可执行的改进计划，让失控感变成掌控感。

通过重建掌控感，我逐渐从失望的情绪中走了出来，重新找到了前进的动力和方向。我发现，即使在最困难的时刻，只要能够完成一些小任务，获得一些小成就，就能够逐渐建立起自信，为更大的挑战做好准备。

在努力无果的时候，对自己保持温柔和耐心尤为重要。失败和失望是学习路上的一部分，而不是例外。不要因为觉得“努力无果”就全盘否定自己的努力，更不应该因此陷入自责和怀疑。允许自己不完美，允许自己犯错，允许自己有状态不好的时候。

每一次失望，都是一次重新认识自己、调整

策略的机会。把失望看作信号，而不是判决。通过这种自我关怀，我逐渐学会了在挫折面前保持冷静和坚韧。我不再把失望视为终点，而是将其视为成长的起点。每一次努力，无论结果如何，都是宝贵的经验和教训，帮助我更好地认识自己，调整策略，为下一次尝试做好准备。

努力无果时的失望，确实很折磨人。但从现在开始努力，总比沉湎于过去要好得多。找到适合自己的方法，给自己一点时间、一点空间、一点耐心，然后，再试一次。也许，下一次，结果就会不一样。即使仍努力无果，至少你比上次更懂得如何面对失望了，这本身就是一种成长。

努力无果的经历，虽然痛苦，却是我们成长过程中不可或缺的一部分。通过这些经历，我们学会了坚持，学会了调整策略，学会了在挫折面前保持坚韧。这些品质不仅在学习中至关重要，在未来的人生道路上也将继续指引我们前进。

希望我的这段经历和感悟能够对你有所启发，帮助你在面对“努力无果”的时候，找到力量和方向，继续前行。记住，每一次努力，每一次尝试，都是宝贵的经验，帮助我们变得更加坚强和智慧。相信自己，坚持下去，成功终将到来。

1.4 我如何摆脱焦虑

在高中这个充满挑战与成长的阶段，焦虑如同一位不请自来却又难以摆脱的访客，常伴左右。我们或许惊讶地发现，即使成绩优异、不断进步，焦虑依然如影随形。它不分对象，不择时机，在我们人生的低谷期、瓶颈期乃至上升期，总能找到侵入的缝隙。这种普遍存在的心理状态，值得我们深入探究其本质、产生的根源与转化之道，从而将这份不安转化为前进的动力。

焦虑不同于简单的恐惧或忧虑，而是一种对未来可能发生但尚未发生的负面事件的持续性担忧。它如同一个隐形的伴侣，伴随我们度过高中生活的每个阶段。对于成绩不理想的同学，焦虑可能表现为对学习内容的不理解和掌握困难；对于成绩优异的同学，它可能源于对失去领先位置的恐惧；而人际关系的复杂性也可能成为焦虑的源头。

值得注意的是，焦虑并非完全负面。适度的焦虑能促使我们保持警觉，激励我们采取行动，帮助我们应对挑战。例如，对考试的适度焦虑可以促使我们更加认真地复习，更加专注地答题，从而取得更好的成绩。然而，当焦虑过度时，它便可能成为一种负担，影响我们的判断力和决策能力，甚至导致身心俱疲，影响正常的学习和生活。

焦虑的本质在于它反映了我们对未来的不确定性、对自我价值的质疑以及对各种期望的回应。它是一种情感信号，提示我们关注潜在的挑战和风险，同时也是一种自我了解的机会，让我们得以窥见内心深处的真实想法和恐惧。

回顾成长历程，我们不难发现焦虑并非与生俱来，而是在特定阶段逐渐发展形成的。小学时期，我们天真无邪，对世界充满了好奇和探索欲，很少为未来担忧。那时的学习是发现和探索的过程，同学之间的竞争相对温和，父母和老师的期望也相对简单明了。

然而，进入初中和高中后，情况发生了根本性变化。

竞争是一个重要的转折点。在更高年级的学习环境中，排名、分数、成绩这些概念开始进入我们的生活，成为衡量成功的重要标准。我们开始意识到，学习不再仅仅是为了学习本身，而是为了在与他人的比较中证明自己的价值。这种竞争意识带来的压力，自然而然地引发了焦虑。

知识难度的提升也是一个关键因素。随着年级的升高，学习内容变得越来越复杂和抽象。从小学的简单算术到初中的代数几何，从初中的基础概念到高中的深度分析，这种转变要求我们的思维能力和学习方法也要相应调整。对于许多学生来说，这种转变是困难的，甚至是痛苦的。我们可能发现自己不再像以前那样轻松地掌握新知识，不再能够迅速地解决问题。这种不适应感，这种掌控感的缺失，成为焦虑的又一个来源。

面对这些变化和挑战，我们很难再回到小学时那种无忧无虑的状态。因为我们已经成长，已经积累了更多的知识和经验，已经形成了更复杂的价值观和期望。我们已经意识到世界的复杂性和不确定性，意识到竞争和挑战的不可避免性。我们已经不再是一个简单的、无忧无虑的孩子，而是一个有自我意识、有期望、有恐惧的青少年。这种成长虽然带来了成熟和独立，但也带来了焦虑和压力。

然而，我们不必为此感到沮丧或自责。焦虑

是成长的一部分，是我们从孩子成长为成人过程中必然经历的体验。它反映了我们的成熟和自我意识，反映了我们对世界的关注和思考。通过认识和理解焦虑，我们可以更好地认识自己，理解自己的需求和恐惧，从而找到应对挑战的方法和策略。

焦虑，这种复杂而普遍的情绪，就像一把双刃剑，既可能给我们带来伤害，也可能成为我们成长的助力。理解焦虑的双面性，有助于我们更理性地看待和应对它，既不忽视它的潜在危害，也不否认它的积极意义。

从积极方面来看，焦虑也可能成为我们成长和发展的动力和契机。当我们感到焦虑时，我们可能会更加努力地学习和准备，以减轻这种焦虑。这种努力和准备，可能会提高我们的知识和技能水平，增强我们的能力和自信。虽然这种学习和成长可能会伴随着痛苦和不适，但最终可能会使我们变得更加强大和有能力。当我们经历和应对焦虑时，我们可能会更加深入地了解自己的情感、需求和价值观。我们可能会思考自己为什么会对某些事情感到焦虑，这些焦虑反映了我们什么样的恐惧和期望。这种自我反思和认知，可能会帮助我们更好地了解自己，发展出更加健康和平衡的情感系统。

面对焦虑，我们不必感到无助或恐惧。虽然焦虑是一种复杂的情绪状态，但它也是可以被理解和管理的。通过采取一些有效的应对策略，我们可以减轻焦虑的负面影响，甚至将其转化为成长的动力。

了解和接纳自己的焦虑是应对焦虑的第一步。我们常常因为焦虑而感到羞愧或自责，认为焦虑是一种软弱无能的表现。然而，这种片面理解与认知只会加剧我们的焦虑，使我们陷入更加负面的情绪循环。相反，如果我们能够接纳自己的焦虑，认识到它是一种正常的情绪反应，是人类面对不确定性和挑战时的自然反应，我们可能会感到更加平静和自在。接纳并不意味着放任或忽视焦虑，而是以一种非评判的态度看待它，允许它存在，同时保持对自己生活的掌控。

其次，识别和挑战不合理的思维模式。焦虑往往伴随着各种不合理的思维模式，如灾难化思维（总是预期最糟糕的结果）、安全或无思维（认为事情要么完全正确，要么完全错误）、过度概括（从单一事件得出普遍结论）等。这些不合理的思维模式会加剧我们的焦虑，使我们过度担忧和恐惧。通过识别这些不合理的思维模式，并用更加平衡和现实的思维来替代它们，我们可以降低焦虑的强度和频率。例如，当发现自己在担心“如果我这次考试不及格，我就完了”时，我们可以问自己：“真的会因为一次考试不及格就完了吗？历史上有没有人因为一次考试不及格就完全失败了？实际上，大多数人在面对失败和挫折时都能够恢复并继续前进。”

制订实际可行的目标和计划是减轻焦虑的有效策略。我们要认清焦虑背后的真正情感诉求，然后去积极应对，比如，焦虑常常源于对未来的不确定性和对目标的模糊性。当我们没有明确的目标和计划时，我们可能会感到迷茫和无助，不知道下一步该做什么，不知道如何应对未来的挑战。通过制订实际可行的目标和计划，我们可以将大目标分解为小步骤，明确每一步该做什么，如何衡量自己的进展。这种明确性和可控制性，可以帮助我们减轻焦虑，增强自信和动力。例如，如果我们担心即将到来的考试，我们可以制订一个详细的学习计划，包括每天的学习时间、学习内容和学习目标。通过完成这些小目标，我们可以逐步建立信心，减轻对考试的焦虑。

我们要记住，应对焦虑是一个过程，需要时间和耐心。我们不必期望自己能够立即完全摆脱焦虑，也不必因为自己的进展缓慢而感到沮丧。每一次小小的进步，每一次成功应对焦虑的经历，都是向更好的自己迈进的一步。在这个过程中，我们要对自己保持耐心和宽容，也要对自己保持鼓励和期望。通过持续的努力和实践，我们可以学会与焦虑共舞，让它成为我们成长的助力，而不是阻碍。

在高中这个充满挑战和机遇的阶段，让我们带着这种对焦虑的理解和智慧，勇敢地面对各种挑战和不确定性，将焦虑转化为成长的动力，成就更好的自己。这不仅有助于我们应对当前的学习和生活，也有助于我们应对未来的各种挑战和不确定性，成为更加坚强、有韧性和适应力强的人。

1.5 我该怎样面对来自老师和父母的压力

学习压力是每个学生在成长过程中不可避免的挑战。它如影随形，时而轻柔若无，时而沉重如山。无论是为了通过考试、满足家长和老师的期望，还是为了在同龄人中脱颖而出，这种压力都可能对学生的学习体验产生深远影响。适度的压力可以成为学习的动力，激发潜能；但过度的压力却可能导致焦虑、倦怠，甚至让人对学习产生厌恶情绪。作为过来人，我深知这种感受，这也是我被问到最多的问题，无论是从学弟学妹那里，还是从家长那里。

在这里，我想站在学生的角度，分享我对这

个问题的看法。之所以如此，是因为我自身的经历与许多同学有所不同。我家氛围和谐，哪怕有争吵，也不是关于学习的。老师那里的压力我也感受得很少，因为我成绩差的时候是在小学，老师大部分时间都是找我的家长聊学习。后来长大了一些，成绩变好后，我也很努力，所以感受到的压力就更少了。因此，以下内容主要从家长与子女沟通的角度展开，而关于应对老师的方法，我只能站在学长的角度分享经验。

在探讨如何应对学习压力之前，我们需要先理解压力的本质。压力本质上是对表现的期望或要求，这种期望可能源于对好成绩的渴望，害怕失败或辜负期望。压力本身并非坏事，适度的压力可以提高人的警觉性和动力，促使我们更加专注地学习和准备。然而，当压力变得过大、持续过久，就会产生负面影响。

过度的压力可能导致失眠、疲劳、注意力不

集中，甚至引发身体健康问题。更为严重的是，它可能降低学习效率，导致成绩下降，这恰恰与我们追求的目标背道而驰。

这里要分三种情况讨论：

如果你没有认真学习，那么老师和家长的指责是合理的。你需要诚心接受他们的批评，并下定决心改变。学习是学生的首要任务，如果你不认真对待，那么成绩不佳是不可避免的。从现在开始，制订一个学习计划，设定明确的目标，并坚持执行。记住，眼前的努力可能会有些辛苦，但长远来看，这将为你带来更大的成功和满足感。

如果你认真学习，但老师和家长仍然向你施加压力，这可能是由于误解。也许他们不了解你的学习情况，或者他们误解了你的学习态度。在这种情况下，你需要主动与他们沟通，让他们了解你在做什么，以及你是如何学习的。如果你不去向他们展示自己的努力，他们就只能通过成绩去判定。而努力与成绩之间又存在时间差，容易因此引起误解。

定期与家长分享你的学习进展，无论是口头汇报还是展示作业。这种分享可以帮助家长了解你的学习情况，减少他们的不确定性和担忧。在学习中培养自己对获得知识的兴趣，把知识应用到生活中来，尝到知识的“甜头”，发自内心愿意学习，这样学习的压力自然就减少了。

高中时，我为与家长的沟通设定固定的时间，周日晚上，大家可以聚在一起交流。在上学时，自己付出了什么努力都拿出来让父母看明白，如果我额外做了几套卷子，我就把卷子拿出来，顺便说一下是为了攻克什么难题。上了高中之后，我的父母就从没有担心过我的学习，我想这种沟通也有一定的功劳。

如果你认真学习了，但家长仍然对你的成绩不满意，那么你需要冷静地与他们沟通。告诉他们你的感受和努力，让他们知道你在尽力而为。同时，也要听取他们的意见和建议，看看是否有改进的空间。

家长和你一样，都希望你取得好成绩。他们可能只是对你的潜力有更高的期望。通过坦诚的对话，你们可以一起设定一个合理的期望，并共同努力实现它。

1.6 我是怎么面对考试失利的

考试，作为教育体系中不可或缺的评估工具，不仅用于检验学生对知识的掌握程度，更成为塑造学生心理状态的重要因素。在学习生涯中，几乎每个人都会经历考试失利的时刻，无论是小测验的小失误，还是重大考试的不如预期。这些经历往往会带来复杂的情绪反应和心理影响，甚至形成持久的心理阴影。作为一名经历过考试失利的学生，我深谙其中滋味。初中仅有的一次联考及高一的全市统考，这两次考试都给我留下了深刻且难以忘怀的印象。尽管这些经历让我感到挫折和沮丧，但它们也成了我认识自我、反思学习方法的重要契机。在初中那次联考前，我的成绩原本稳定在年级三四十名，属于中游偏上的水平，然而联考的考试结果却显示我排在了年级八十多名，这种落差感让我一度怀疑自己的学习能力和知识掌握程度。同样，在高一的全市统考前，我的成绩原本稳定在年级一二十名，但考试后我跌至年级四十多名，我再次陷入了自我怀疑的旋涡。更令人困惑的是，这两次考试，排在我前面的往往是一些我几乎从未听说过名字的同学，这之前进一步加剧了我的心理压力和不安全感。这两次经历给我带来了深远的影响。面对这种情况，我不禁思考：为什么有些同学看似什么都不会，却能在考试中表现优异？而我，虽然感觉自己对知识有一些了解，但在重大考试中却表现不佳？这种反差让我开始质疑自己的学习方法和考试策略。通过反思这些经历，我逐渐认识到，考试失利不仅仅是知识掌握的问题，更涉及心理状态、考试策略和学习方法等多个方面。考试，作为检测学习状态的工具，其结果反映了我们在学习过程中存在的问题和不足。因此，面对考试失利，我们应该将其视为改进和提升的机会，而非简单的失败。考试失利提醒我们需要补上知识漏洞，检查学习状态，调整学习策略，这些都是提高学习效果的重要环节。然而，在实际中，能够从考试失利中吸取教训并持续改进的学生确实不多。许多学生在经历考试失利后，会陷入一个循环：从失望到奋起，再到松懈，最后再次失利。这种循环让他们变得更加疲惫和麻木。

作为一名经历过多次考试失利的学生，我对“不会考试”的感受有着深刻的体会。这种感受不仅影响了我的学习效果，还对我的心理状态和自信心产生了深远的影响。通过反思自己的经历，我发现“不会考试”不仅仅是一个简单的表述，更反映了我在学习和考试中存在的一些深层次问题和挑战。首先，“不会考试”指的是我在正式考试环境中的表现往往不如预期。无论是小测验，还是大型考试，我总觉得自己在考试中的表现不如平时练习或自我评估时的表现。这种反差让我感到困惑和沮丧，甚至开始怀疑自己的学习能力和知识掌握程度。例如，在课堂检测中，我总是表现不佳。这种“不会考试”的感受让我陷入了一种矛盾的心理状态。一方面，我希望轻视考试的重要性，认为小测验中考少一些并不是什么大不了的事情；另一方面，我又深知自己有这个问题，因此在我的预习和复习过程中，总是离不开做题。我的预习方式通常是直接做题，能做多少是多少，然后看答案，这种方法对我来说，既能让我印象深刻，又能教我如何去答题，这就是我的应对之道。

通过反思自己的经历和观察他人的应对方式，我发现以下几个策略对于应对考试失利具有重要意义：接纳情绪，客观分析，制订计划，持续执行，保持积极心态。接纳情绪是应对考试失利的第一步。当我们看到不如预期的成绩时，往往会感到失落、沮丧和失望。这些情绪反应是正常的，甚至是健康的，因为它们反映了我们对自己有期望和要求。如果我们试图压抑或忽视这些情绪，可能会导致更严重的心理问题，如焦虑、抑郁等。因此，我们应该允许自己有情绪反应，但也要注意不要陷入情绪的旋涡中无法自拔。接纳情绪的具体方法包括：允许自己表达情绪，如哭泣、倾诉等；接受情绪的暂时性，告诉自己这些情绪会随着时间的推移而减弱；避免自责或责怪他人，因为这会加剧负面情绪。通过这些方法，我们可以健康地处理考试失利带来的情绪反应，为后续的分析和行动奠定基础。

客观分析是应对考试失利的第二步。在情绪稍微平复后，我们需要客观地分析考试失利的原因，找出问题所在。这种分析应该是全面且深入的，不仅关注结果，还要关注过程；不仅关注外部因素，还要关注内部因素。具体来说，我们可以从以下几个方面进行分析：知识掌握情况，如哪些知识点没有掌握牢固，哪些题型不熟悉；考试策略，如时间分配是否合理，答题顺序是否科学；心理状态，如是否紧张，是否过度焦虑；考试环境，如考试场所是否安静，光线是否适宜等。通过这种全面且深入的分析，我们可以找出考试失利的具体原因，为后续的改进提供方向。

制订计划是应对考试失利的第三步。在分析了考试失利的原因后，我们需要制订一个切实可行的改进计划。这个计划应该具体、明确，有挑战性但又可实现，同时要符合自己的实际情况和能力。具体来说，我们可以从以下几个方面制订计划：针对知识掌握不牢固的问题，制订详细的学习计划，如每天花多少时间复习哪些知识点，如何巩固记忆等；针对考试策略不当的问题，制订模拟考试计划，如定期进行模拟考试，练习时间分配，规划答题顺序等；针对心理状态不佳的问题，制订放松和减压计划，如学习深呼吸、冥想等放松技巧，或者寻求心理咨询师的帮助等。通过这种有针对性的计划，我们可以系统地解决因考试失利出现的问题，提高学习效果和考试表现。持续执行是应对考试失利的第四步。制订计划只是第一步，更重要的是持续地执行这个计划。

在执行过程中，我们可能会遇到各种挑战和困难，如疲劳、分心、压力大等。因此，我们需要找到保持动力和坚持的方法，如设定明确的目标，庆祝小成就，寻找支持系统等。同时，我们也需要定期评估和调整计划，根据实际情况和进展进行必要的修改和完善。通过这种持续和系统地执行，我们可以逐步解决考试失利所带来的问题，提高学习效果和考试表现。保持积极心态是应对考试失利的第五步。

在整个过程中，保持积极的心态至关重要。积极的心态不仅可以帮助我们更好地应对考试失利带来的负面情绪，还可以提高学习效果和考试表现。具体来说，我们可以从以下几个方面保持积极心态：关注进步和成就，而不仅仅是结果；接受学习过程中的起伏和波动，认识到这是正常的；相信自己有能力克服困难和挑战；寻找支持和鼓励，如与朋友、家人或老师交流，寻求他们的理解和支持。通过这种积极的心态，我们可以更好地应对考试失利，从中学到经验和教训，实现真正的成长和突破。

考试失利并不可怕，真正可怕的是我们对它的恐惧和逃避。只有正视它、分析它，才能真正克服它，实现学习上的突破和成长。考试失利是学习过程中的一部分，它反映了我们在学习中存在的一些问题和不足，但并不决定我们的价值和潜力。每个人都有自己的学习方式和节奏，没有一种学习方法适合所有人。在考试中，有些同学可能表现得更好，但这并不意味着他们的学习方法一定更适合我们，或者他们的能力一定比我们更强。每个人都有自己的优势和劣势，关键在于找到适合自己的学习方法和策略。

我最直接的一句话是：面对考试失利，主动

去做一些事。大家可以去试一试，真的很有效。

不要让考试失利成为你成长的障碍，而是让它成为你进步的动力。通过积极地应对和持续地努力，你一定能够克服考试失利的阴影，实现自己的学习目标和人生理想。

第二部分

PART 2

启动发动机

在六年的中学学习生涯中，保持持续的学习动力是一个挑战。许多人可能会感到压力和焦虑，尤其是在面对大量的学习任务和考试时。然而，关键在于如何有效地管理这些压力，并将其转化为前进的动力。在这篇文章中，我将分享我是如何在初高中六年始终保持学习动力的，希望能为大家提供一些启示和鼓舞。

2.1 没错，你认为学习就是现在最重要的事

我们常常会问自己，或者被问及：在学生生

涯中，什么是最重要的事？如果将这个问题抛给校园里正襟危坐于前排、笔记密布的优等生，或是偶尔眼神游离、对课堂内容显得有些茫然的“后进生”，我相信，绝大多数人的答案会是简单而直接的——学习。这个答案，仿佛刻在学生身份的基因里，是无须论证的公理，是悬于教室上空、无须点明的共识。它听起来如此理所当然，以至于我们很少去深究其背后的重量，以及践行它所需付出的巨大努力。

然而，现实往往是对理想主义的反讽。当我们剥开这层“理所当然”的外壳，会发现，真正将学习奉为圭臬、日复一日、心无旁骛去践行的人，少之又少。理想与现实之间存在着一个巨大的鸿沟，横亘在“口头认同”与“身体力行”之间。就像我们知道“健康是福”，却依然在深夜放纵地玩手机；我们知道“早睡早起”对身体有益，却依然在清晨的闹钟声中挣扎。学习，也是如此。它被我们挂在嘴边，却常常在行动的清单上被悄悄延后，为无数看似更“紧急”、更“有趣”的事情让路。

想要真正地努力，想要跨越这道鸿沟，首先，我们必须进行一次彻底的、深入骨髓的“认定”——学习，就是此刻、当下，最重要的事。这不仅仅是一个口号，不是一种为了迎合他人期望或自我安慰的表态，而是一种内化于心的信念，一种如同呼吸般自然、如同心跳般坚定的认知。它需要我们拨开日常生活的迷雾，在纷繁的诱惑和干扰中，清晰地看到那条通往未来的、最核心的路径。

回想我的高中时代，我们班是学校赫赫有名的“尖子班”。这里聚集了全市中考成绩拔尖的“好学生”，他们初中时曾经是各自校园里的佼佼者，是被师长寄予厚望、被同龄人羡慕的对象。按理说，在这样的环境中，学习氛围应该如同空气一般无处不在，学习是所有人不言自明的重心。

然而，事实并非如此简单。在我们这个看似整齐划一、目标明确的集体里，依然不乏一些人，在名为“青春”的迷途中，不小心偏离了航向。他们或沉迷于虚拟世界的刀光剑影，在游戏的厮杀中寻找短暂的多巴胺；或沉浸在小说构筑的奇幻世界里，与书中人物一同经历爱恨情仇。这些活动本身或许并无绝对的对错，但当它们开始蚕食学生们本应用于学习的时间，当它们成为这些人逃避现实、麻痹自我的方式时，问题就出现了。

背后的根源在于他们并没有真正将“学习是最重要的事”这句话刻进灵魂。你若直接问他们，学习重不重要？他们肯定会斩钉截铁地回答：“重要！非常重要！”这份认同感是存在的，就像我们知道某个知识点是考试重点一样。但这份认同，对他们来说却如同那些“学会了但没完全掌握”的知识点，仅停留在理解的层面，并未转化为行动的驱动力。它没有沉入心底，没有成为决策时的第一准则。就像一个知识点，你可能在课堂上听懂了，也记笔记了，但如果没有反复练习、深度理解，当它出现在一道复杂的题目中，需要你灵活运用时，你可能就会瞬间卡壳，最终导致题目做不出来。同样，当这些“尖子班”的一些同学坐在电脑前打游戏，或窝在角落里看小说时，或许也曾在他们脑海里一闪而过学习这件“重要的事”，但那一刻，在那个特定的场景下，游戏和小说带来的即时满足感、逃避现实的快感，显然盖过了那个“重要”的标签。学习，在那个当下，对他们来说真的不是最重要的事。

这种“知道却不做”的现象，不仅仅存在于所谓的“差生”或“迷茫生”身上，它甚至可能悄悄潜伏在每个声称“热爱学习”的学生心中。它提醒我们，真正的认知转变，需要的是一种近乎偏执的、时刻提醒自己的警觉。

有些同学会抱怨：“班级里学习风气不好，大家都不学，我一个人学，感觉很孤单。”“他们总是说我‘卷’，好像学习是一件很可笑的事情。”这种抱怨，从某种角度来说，也暴露了他们并未真正理解那句“学习是最重要的事”。如果这句话已经真正成为你内心的信条，那么，班级里其他人是学是玩，是上进还是懈怠，似乎就与你关系不大了。他们的行为，他们的评价，不应成为你调整自己步伐的理由。因为你知道，你跑你的马拉松，别人走他们的独木桥，路径不同，风景各异。

当你真正认定学习是当下最重要的事时，班级里那些看似干扰的因素，就会失去其干扰力。如果你内心深处确实认为学习就是此刻最重要的事，那么这种外界的评价和干扰，便很难真正动摇你。你不会因此感到委屈、难受或自我怀疑，因为你清楚自己正在做什么，以及为什么要这样做。这就是你内心真实的想法，既然如此，又何必去过度关注他人的所作所为，将精力耗费在无谓的情绪内耗上呢？很多高中时期令人头疼的人际关系难题，诸如被孤立、被误解、被比较，很多时候都可以通过这种“专注自我，认定核心”的心态得到化解。你会发现，那些让你烦恼的人和事，在“学习是第一要务”这个强大的框架下，突然显得不那么重要了。

更进一步说，在高中阶段，几乎一切活动和经历，都服务于“学习”这个最终目标。社团活动、文体比赛、同学交往、师生互动……它们或许能带来乐趣、锻炼能力、拓宽视野，但若与学习产生冲突，若它们开始过度消耗你的时间和精力，让你偏离了主线，那么，此时你就需要进行审慎的权衡。追求一个“好”的人际关系固然重要，它能让你在紧张的学习生活中获得温暖和支持，但这个“好”的标准，不应是毫无原则的迎合和讨好。

我们需要学会心平气和地待人，保持基本的礼貌和友善，但不必将每一句闲言碎语都放在心上。别人的评价，尤其是那些带着偏见或嫉妒的评价，听听就好，不必往心里去。同时，也要学会拒绝。

高中生活节奏快、诱惑多，总有人会邀请你参加各种活动，或者向你提出一些可能干扰你学习计划的请求。学会在合适的时机，用温和而坚定的方式说“不”，这不是冷漠，而是对自己时间和精力的保护，是为了避免不必要的麻烦和干扰。想通了这一点，我们便不会因为一些鸡毛蒜皮的小事影响自己的情绪，不会用别人的标准来定义自己的价值，从而能够更专注于那条通往未来的道路。如果能做到这一点，你的高中生活不仅不会充满烦恼，反而可能因为内心的笃定和专注，留下更多美好的回忆。如果已经发生了一些不愉快的事情，那么，请从现在开始，以学习为首要目的，调整心态，做出改变，不让过去的阴霾影响未来的晴空。

当这句话——学习是现在最重要的事——真正被我们掌握、内化，它就像一块坚固的盾牌，让学习的道路似乎变得平坦了许多。因为，在内心深处，我们已经赋予了学习优先处理权。任何在学习路上遇到的困难、挫折、诱惑，都将在这个“最高指令”面前，失去其原本的威力。你会发现自己开始积极地、主动地去解决问题。一道难题卡住了你，你不会轻易放弃，而是会去查资料、问老师、与同学讨论，直到把它攻克，因为你知道，解决问题就是服务于“学习”这件最重要的事。一次考试失利，让你感到沮丧，但你不会沉溺于负面情绪，而是会冷静分析原因，调整策略，因为你知道，克服这次挫折，是为了更好地完成那件“最重要的事”。这种不解决问题绝不放弃的态度，并非固执，而是一种基于核心信念的坚韧。

当然，可能会有同学提出质疑：把学习当作第一要务，时时刻刻提醒自己，那岂不是要变成一个两耳不闻窗外事、一心只读圣贤书的书呆子了吗？这种担忧不无道理。如果将“学习最重要”做到极致，完全忽视生活的其他方面，确实可能陷入某种偏执和失衡。但我想说的是，牢记“学习是现在最重要的事”这句话，时时刻刻在需要做出选择或感到动摇时想起它，并不是要将学习视为生活的全部，不是要完全放弃休息、娱乐、社交和感受生活美好的权利。它强调的是一种优先级的排序，一种在纷繁选项面前的清醒判断。它意味着，在学习与其他事务发生冲突时，学习应该获得优先权；在精力分配上，学习应该占据核心地位。

这恰恰是“张弛有度”的智慧所在。人不是机器，持续高强度地运转必然会磨损。适当地休息、放松、娱乐，不是对学习的背叛，而是为了更好地学习，为了积蓄更强的力量。就像运动员需要训练，也需要调整和恢复；就像战士需要冲锋陷阵，也需要休整和补给。休息过后，想起“学习是现在最重要的事”这句话，我们便能更好地进行自我管理。我们会更合理地规划时间，确保学习时间得到保障；我们会更审慎地选择娱乐方式，避免其过度占据学习时间；我们会在感到疲惫时，允许自己适度放松，而不是用“我必须学习”的鞭子抽打自己，导致身心俱疲，效率低下。这绝非“书呆子”的刻板行为，而是一个有目标、有规划、懂得权衡利弊的好学生应有的正常行为。**一个真正优秀的学生，不是不食人间烟火，而是能在纷繁复杂的世界里，清晰地把握住最重要的那条线，并围绕它来安排自己的生活。**

对我个人而言，这句话是我整个初高中阶段一切行动的根基，是我精神世界的定海神针。无论遇到什么风浪，无论遭遇何种挫折和烦恼，我首先会想起这句话，然后以此为出发点，冷静地思考、分析情况，再做出最有利于“学习”这个核心目标的反应。它像一个无声的导师，始终陪伴在我左右。

这句话不止一次地拯救过我。当我因为一次模拟考试的失利而感到极度失望、几乎想要放弃时，我会想起它。它告诉我："学习是现在最重要的事，这次失败只是过程中的一环，不是终点，坚持住，继续努力。"于是，我从谷底爬起，重新将精力投入学习中。当我因为一道反复思考仍不得其解的难题而感到极度烦躁，想要放弃时，我会想起它。它告诉我："学习是现在最重要的事，烦躁解决不了问题，要学会悦纳这个挑战，静下心来，再试一次。"于是，我深呼吸，平复心情，重新审视题目。当我因为一次不错的成绩而志得意满，开始飘飘然，觉得可以稍微放松一下时，它也会一次次地提醒我："学习是现在最重要的事，骄傲是进步的大敌，要继续努力，保持谦逊。"于是，我收起骄傲，更加脚踏实地。这句话，让我始终保持着一种务实的态度，老老实实地去钻研每一个知识点，勇敢地去面对每一次挑战，不逃避，不退缩。

它让我明白，真正的强大，不是永远一帆风顺，而是在风雨飘摇时，依然能找到内心的锚点，稳住阵脚，继续前行。

如果此刻正在阅读这篇文章的你，在未来的某一天，感到迷茫、疲惫、想要放弃，或者在面临各种诱惑、干扰、内心摇摆不定的时候，脑海中突然闪过这句话——“学习是现在最重要的事”——并且，它真的让你停顿了一下，让你重新审视了自己的选择，让你调整了方向，那么，我觉得，这篇文章，这段思考，就已经起到了它的作用。

学习，它不是一句空洞的口号，不是一道需要背诵却可以忽略的公式。它是一颗种子，需要我们用信念去浇灌，用行动去呵护，坚持等待它生根发芽，最终长成支撑我们未来人生的大树。它不是要我们变得冷漠、功利，而是要我们在纷繁的世界里，找到那个最核心、最值得投入精力的方向和目标，然后，心无旁骛地去靠近它，拥抱它。

此刻，无论你正站在初中生涯的尾巴上，还是高中生涯的某个节点，或是刚刚踏入大学校门，请允许这句话再次清晰地浮现在你的脑海中：“学习是现在最重要的事。”然后，问问自己，你是否已经彻底认定了它？你是否愿意，让这句话成为未来一段时间内，乃至更长远的人生路上，你唯一应该仰望的、为你指引方向的星辰？

当答案清晰而坚定地浮现在心头时，请带着这份坚定，重新审视你的时间，你的精力，你的选择。你会发现，前方的道路，或许依然会有坎坷，但你的脚步，将更加笃定；前方的风景，或许依然会有迷雾，但你的视线，将更加清晰。因为，你已握住了此刻最重要的那把钥匙，它将为你打开通往更广阔世界的大门。而这一切，都始于那个简单却需要用一生去践行的认知：学习，是现在最重要的事。

2.2 要努力，为什么我行动不起来

在当今快节奏的社会中，拖延症已成为许多人面临的普遍问题。明明知道学习和工作任务的重要性，虽然制订了详细的计划，却总是在行动时遇到各种阻碍。这种状态，我们称之为“拖延”，它像一个无形的敌人，潜伏在我们的内心深处，用各种诱惑和借口麻痹我们的意志，让我们在舒适区里停滞不前。

拖延不仅仅是一种行为习惯，更是一种复杂的心理状态。当我们面对重要任务时，内心会产生一种本能的抗拒。这种抗拒源于对失败的恐惧、对挑战的回避以及对批评的担忧。这些深层次的心理因素共同构成了拖延的内在动机。

拖延者往往清楚地知道自己需要做什么，也了解完成任务的重要性，但他们仍然选择推迟行动。这种矛盾的行为模式反映了人们内心的冲突：一方面渴望进步和成功，另一方面又害怕面对可能出现的挫折。这种内心的拉锯战使得我们陷入了一个恶性循环：计划—拖延—自责—再计划—再拖延。

拖延不仅仅是简单的懒惰或缺乏动力。实际上，许多拖延者对成功有着强烈的渴望，但恐惧和焦虑成为他们前进道路上的绊脚石。这种矛盾的心理状态使得他们陷入了所谓的“分析瘫痪”，无法将想法转化为行动。

要真正理解拖延，我们必须深入探讨其心理根源。恐惧是拖延最强大的阻碍之一。我们害怕失败，害怕面对挑战，害怕被人批评。这些恐惧和焦虑会让我们裹足不前，宁愿选择逃避。拖延成为一种自我保护机制，通过推迟行动，我们将潜在的失败和批评推迟到未来，从而暂时逃避了这些负面情绪。

因此我们需要学会分解目标，将大任务拆分成小的、容易实现的、可管理的部分。不要想着一次就把事情做好，而是将大目标分解成一个个小目标，逐步实现。例如，如果你的目标是提高数学成绩，你可以制订每天做一套数学选填题的计划，并坚持执行。这样，每完成一个小目标，你就会获得成就感，从而增强自信心，更有动力去完成下一个目标。可以为自己设定奖励，每完成一个小目标，就给自己一些小奖励。这可以增强你的动力和满足感。

在高中初期，我的物理成绩一直不是很好。我知道物理很重要，也制订了学习计划，但不知道从哪里开始提高。后来，我意识到问题出在自己的心理状态上：我害怕做错题目，害怕面对物理的挑战，我在逃避。

于是，我决定改变自己的思维方式。我告诉自己，犯错是学习的一部分，只有通过不断尝试，才能提高。我制订了一个简单的计划：每天做一道物理难题，坚持一个月。刚开始时，我确实做得很差，很多题目都不会做。但我不气馁，而是记录做错的题目，分析错误的原因，并有针对性地进行练习。

随着时间的推移，我逐渐掌握了更多的物理知识和答题技巧，成绩也开始提高。这个过程并不轻松，但我坚持了下来。

从现在开始，不要再等待“明天”或“以后”，而是从当下开始行动。记住，行动是克服拖延的唯一方法。不要害怕犯错，不要害怕挑战，勇敢地迈出第一步，你将会发现自己比想象中更强大。

2.3 落下的，我还能补上

“落下的，我还能补上吗？”这个疑问，像一块沉重的石头压在无数学生心头，让他们在学习的道路上步履维艰。无论是因为沉迷游戏、小说，还是因为学习方法不当、基础薄弱，学习落后都会带来巨大的压力和焦虑。然而，落后并非不可逆转，只要我们端正态度，找到方法，并付诸行动，就一定能够迎头赶上，实现弯道超车。

第一步，也是最重要的一步，就是正视问题，接受现实。我们需要承认自己落后了，并分析落后的原因。是学习方法不当？是基础薄弱？还是因为沉迷于游戏、小说等娱乐活动？只有找到问题的根源，才能对症下药，制订有效的学习计划。

在当今信息爆炸的时代，学生面临着前所未有的诱惑和挑战。智能手机、平板电脑等电子设备的普及，使得各种娱乐内容触手可及。游戏世界中的虚拟成就，社交媒体上的点赞与评论，短视频平台的精彩内容，都可能成为学生忽视学习的重要原因。此外，学习方法不当也是一个普遍存在的问题。许多学生盲目跟风，采用不适合自己的学习方式，或者机械地重复练习，缺乏对知识的深入理解和思考。还有的学生没有形成良好的学习习惯，如不预习、不复习、不及时整理笔记等，这些都可能导致学习效果不佳。基础薄弱更是制约学生进步的重要因素，尤其是数学、英语等需要循序渐进的学科，如果基础不牢固，后续学习就会举步维艰。

面对这些问题，我们首先需要接纳自己的现状，不逃避、不自责。接纳的过程可能会伴随着各种情绪，如焦虑、自责、羞愧等。这些情绪是正常的，我们不应该压抑或否定它们，而是应该允许自己感受这些情绪，同时提醒自己：情绪是暂时的，重要的是采取行动。我们可以尝试对自己说："我现在确实有些落后，但我可以改变。"这种自我对话有助于建立积极的心态，为后续的追赶计划做好心理准备。

接纳之后，我们需要冷静分析落后的原因。因为只有找到真正的原因，才能有针对性地解决问题。分析原因时，我们应该避免简单归因，比如单纯地认为自己"不够聪明"或"不够努力"。实际上，学习效果受到多种因素的影响，包括学习动机、学习策略、时间管理、注意力集中度、情绪状态等。我们需要全面考虑这些因素，找出最可能的原因。

例如，如果发现自己经常在学习过程中分心，可能需要检视自己的学习环境是否过于嘈杂，或者是否过度使用电子设备。如果发现自己对某些科目特别不感兴趣，可能需要思考这些科目与自己未来发展的关系，或者尝试找到这些科目中自己感兴趣的部分。如果发现自己考试成绩不稳定，可能需要提高自己的应试技巧，如时间管理、答题策略等。

制订一个切实可行的学习计划，是追赶进度的关键。计划要具体、可执行，并根据自己的实际情况进行调整。分析现状是制订学习计划的第一步。这一步骤需要我们客观评估自己的学习水平和时间安排，找出自己的薄弱环节。分析现状不是让自己感到自责或气馁，而是为了明确方向，有针对性地制订计划。

在分析现状时，我们可以从以下几个方面入手：

首先，评估当前的学习水平。这可以通过最近的考试成绩、作业完成情况、课堂表现等来判断。如果可能，最好与之前的学业表现进行比较，了解自己是突然落后还是学习上长期存在困难。此外，还可以通过自我测试或请教老师，了解自己在不同学科或不同知识点上的掌握程度。

其次，评估时间安排。回顾一下自己的日常生活，看看每天有多少时间可用于学习，这些时间是否被有效利用。我们可以记录一周的时间分配，包括上课时间、作业时间、课外活动时间等，看看时间管理是否存在问题。

再次，找出薄弱环节。根据上述评估，确定自己在哪些学科、哪些知识点上存在困难。这些薄弱环节可能是当前落后的直接原因，也是后续学习的重点突破对象。

最后，分析优势和资源。了解自己的长处和可用资源，如擅长的记忆方法、理解能力强，或者学校提供的辅导资源、家庭支持等。这些优势和资源可以成为制订学习计划的重要依据。

设定一个明确、可实现的目标，是学习计划的重要组成部分。如果目前数学考试只能得 60 分，那么下一次考试将目标设定为 90 分可能过高，设定为 75 分更为合理。目标应该有明确的完成时间，以便于规划和评估。例如，“在两周内完成数学期末复习”。设定目标时，我们可以采用“大目标分解法”，将长期目标分解为多个短期目标，每个短期目标又可以进一步分解为具体的学习任务。例如，如果大目标是“提高期中考试成绩 20 分”，那么可以设定“提高数学成绩 10 分”“提高英语成绩 5 分”“提高物理成绩 5 分”等短期目标，每个短期目标又可以对应到具体的学习任务上。

制订一个详细的时间表，合理安排学习和休息时间，是保证学习计划顺利执行的重要工具。时间表应该具体、可行，并考虑个人的学习习惯和生物钟。

制订时间表时，我们可以考虑以下几点：

首先，了解自己的知识接收高峰期。每个人的学习效率在一天中的不同时间段有所不同。有些人是“早起的鸟儿”，早晨学习效率高；有些人则是“夜猫子”，晚上学习效率更高。了解自己的知识接收高峰期，可以在这些时间段安排最重要的学习任务。其次，合理安排学习内容。根据学习任务的难度和重要性，合理安排学习顺序。一般来说，可以先安排自己比较擅长的任务，建立信心；再安排较难的任务，挑战自我；最后安排重复练习或复习，巩固学习成果。再次，留出足够的休息时间。适当的休息有助于提高学习效率。时间表中应该包括短暂的休息时间，如每学习 45 分钟后休息 15 分钟，以及较长的休息时间，如中午午休和晚间睡眠。最后，考虑其他活动的时间。除了学习，我们还有其他活动需要安排，如吃饭、运动、社交等。这些活动不仅维持我们的身心健康，也是保持学习动力的重要因素。时间表应该平衡学习和其他活动，避免过度学习导致的疲劳和厌倦。

定期评估自己的学习进度，并根据实际情况调整计划，是学习计划成功的关键。评估不仅有助于了解学习效果，还能及时发现问题，调整学习策略。

评估可以分为几个层次：

首先，任务完成情况评估。在每个学习任务完成后，检查任务是否完成，完成质量如何。如果未完成或完成质量不高，需要分析原因，调整学习方法或时间安排。其次，阶段性目标评估。在每个学习阶段结束时，评估是否达到了阶段性的目标。例如，每周结束时评估本周的学习任务是否完成，每月结束时评估本月的学习目标是否达成。如果没有，需要分析原因，调整后续计划。再次，学习方法评估。定期评估当前的学习方法是否有效。如果发现某种学习方法效果不佳，需要尝试新的方法。例如，如果发现单纯记忆笔记效果不好，可以尝试制作思维导图、给他人讲题以巩固所学或进行实践应用等。最后，整体计划评估。定期回顾整个学习计划，评估其是否符合实际，是否需要重大调整。例如，如果发现原定目标过高或过低，可以调整目标；如果发现任务分解不合理，可以重新分解任务。

在评估过程中，我们应该保持客观和理性，既不过分乐观，也不过于悲观。评估的目的是发现问题，改进学习，而不是自我批评或安慰。我们可以记录每次评估的结果，形成学习日志，帮助自己更好地了解学习过程和效果。

关于自己的薄弱科目，有针对性地学习，是追赶进度的重要方法。查漏补缺不仅包括弥补知识上的空白，还包括改进学习策略和习惯。

查漏补缺可以从以下几个方面入手：

首先，识别知识缺口。通过自我测试、课堂反馈或请教老师，了解自己在哪些知识点上存在理解困难或理解不深入的情况。这些知识缺口可能是导致学习落后的直接原因。其次，制订补缺计划。根据识别出的知识缺口，制订详细的补缺计划。计划应该具体、可执行，并有明确的时间表。例如，如果发现数学中的二次函数是薄弱环节，你可以制订计划，每天花 30 分钟复习相关知识，完成配套练习，并在一周内完成系统学习。再次，寻求适当资源。根据自己的学习风格和需求，选择适合的补缺资源。这些资源可以是教材、辅导书、在线课程、教学视频等。重要的是，资源应该权威、系统，并能针对自己的薄弱环节提供有效的帮助。最后，定期检验效果。在补缺过程中，定期检验学习效果，确保知识真正掌握。可以通过自我测试、向他人解释或完成相关练习来检验。如果发现仍有困难，需要调整学习方法或寻求更多帮助。

将知识点进行归纳和整理，形成完整的知识体系，是提高学习效率的有效方法。构建完善的知识体系有助于我们理解知识之间的联系，加深对知识的记忆和理解。

建立知识体系可以从以下几个方面入手：

首先，梳理知识结构。根据学科特点，梳理该学科的知识结构和框架。例如，在学习历史时，可以按照时间顺序或主题分类，构建知识网络；在学习数学时，可以按照概念、定理、公式等分类，建立知识体系。其次，寻找知识联系。在梳理知识结构的基础上，寻找不同知识点之间的关联。例如，理解数学中的函数概念如何贯穿整个数学学习过程，或者理解生物学中的细胞概念如何与遗传、进化等主题相关联。再次，使用可视化工具。利用思维导图、概念图、表格等可视化工具，帮助整理和展示知识体系。这些工具不仅有助于理解知识，还能提高学习的趣味性和参与感。最后，定期更新和整理。随着新知识的获取，定期更新和整理知识体系，保持其完整性和连贯性。这个过程也是复习和巩固的重要方式。

建立知识体系是一个长期的过程，需要持续地努力和调整。随着学习的深入，我们的知识体系也会不断完善和丰富，成为学习的重要支持系统。

积极参与课堂讨论，主动提出问题，并尝试用自己的语言解释知识点，是提高学习效果的有效方法。主动学习强调学习中的积极参与和自我引导，与被动接受知识的传统学习方式有显著区别。

主动学习可以从以下几个方面入手：

首先，课前预习。在上课前，提前预习相关

材料，了解即将学习的内容，做好学习准备。可以通过阅读教材、观看教学视频或解决简单问题等方式来预习。预习不仅有助于课堂学习，还能培养自学能力。**其次，课堂参与**。在课堂上积极参与讨论，主动提问和回答问题，与老师和同学互动。参与课堂活动有助于加深对知识的理解，提高学习兴趣，还能及时发现和解决问题。**再次，主动提问**。当遇到疑问时，主动向老师、同学或通过其他资源寻求解答。提问不仅是解决问题的途径，也是深入思考和学习的开始。我们可以尝试使用“5 个为什么”的方法，对一个问题连续提问 5 个“为什么”，深入探究其本质。**最后，自我解释**。尝试用自己的语言解释所学知识，检验自己的理解程度。如果能清晰地解释，说明理解较好；如果解释不清，说明尚未理解或理解得不深入，需要进一步学习。自我解释可以是口头的，也可以是书面的，如写学习笔记、制作学习卡片等。

追赶进度的过程，注定是充满挑战和困难的。我们需要保持积极的心态，坚持不懈，永不放弃。当完成一个小目标时，给自己一些奖励，如看一部电影、吃一顿大餐或买一本自己喜欢的书，是保持学习动力的有效方法。奖励不仅是一种肯定和鼓励，也是学习计划的一部分，有助于建立积极的学习循环。

首先，我们应该明确奖励的性质和时机。奖励应该是具体、可实现的，与完成的目标相对应。例如，如果完成了每天的学习任务，可以奖励自己看一集喜欢的电视剧；如果月考成绩还不错，可以奖励自己看一场电影或吃一顿美食；如果达到了学期目标，可以奖励自己旅游或购买心仪物品。其次，奖励方式应该是积极健康的。虽然偶尔放纵自己吃零食或玩游戏是可以的，但长期来看，积极健康的奖励更有益于身心发展。例如，可以奖励自己参加体育活动、学习新技能、阅读喜欢的书籍等。再次，奖励应该是及时的。在完成目标后，及时给予奖励，强化积极行为。延迟的奖励效果会减弱。此外，我们还可以采用非物质奖励的形式，如自我肯定等。内在奖励虽然无形，但同样重要，甚至更持久和有意义。例如，当完成一个学习任务时，可以对自己说："我做到了，我感到自豪"；当取得进步时，可以欣赏自己的努力和成就。

落后并不可怕，可怕的是放弃。只要我们端正态度，找到方法，并付诸行动，就一定能够迎头赶上，实现弯道超车。相信自己，坚持不懈，永不放弃，我们一定能够创造属于自己的奇迹！

"落下的，我还能补上吗？"答案是肯定的！

2.4 及时反馈，避免“三分钟热度”

在学习和自我提升的过程中，“三分钟热度”是一个普遍存在的现象，它阻碍着无数学习者实现自己的学习目标。这一现象指的是人们在开始一项新任务或学习新知识时，初期往往热情高涨，但随着时间的推移，热情逐渐减退，最终放弃或变得懒散。

当我们兴致勃勃地制订学习计划，满怀热情地开始学习时，初期可能会投入大量时间和精力，但随着时间的推移，我们往往会发现自己的学习动力逐渐减弱，最终导致三天打鱼两天晒网的情况。这种“三分钟热度”，是学习路上的绊脚石，会严重影响学习效果和动力。

当我们开始对某些事情感兴趣并付诸实践时，最初可能会释放激情，但当还有其他任务或刺激点时，我们往往会感到不安，放弃原来的兴趣，半途而废，致力于追求新事物。此外，“三分钟热度”也可能来自对失败的恐惧。当我们开始对某些事情感兴趣并付诸实践时，可能会发现事情并不那么简单，这种困难感可能导致最终放弃。

竞争的加剧和生活节奏的加快使得人们更加追求短期回报和即时满足，而忽视了长期的坚持和努力。在这样的背景下，克服“三分钟热度”，培养持久的学习动力，成为一个我不得不在这里讨论的话题。

“三分钟热度”可能会导致学习成果不稳定，让人缺乏对长期目标的拼搏精神，以及产生对生活的不满足感。

那么我是如何避免“三分钟热度”的呢？首先，激发内在动机。

内在动机是指个体对事物本身产生兴趣和热情，而不是因为外部奖励或惩罚。如何激发学习的内在动机？首先，找到学习的意义和价值，思考学习对自己未来的意义和价值，增加学习的内在动力。其次，将学习内容与个人兴趣相结合，让学习成为一种享受。培养学习兴趣，选择自己感兴趣的学习内容，让学习成为一种享受。通过将学习内容与个人兴趣相结合，学习者更容易保持学习动力和兴趣。比如我经常和同学互相出题，这不仅是知识储备的比拼，更是一种有趣的娱乐手段。

然后，我培养了自己固定的生活、学习习惯。于每日特定的时间段规划学习，使大脑逐渐适应此节奏，形成条件反射。通过每天在固定的时间学习，逐渐将学习融入日常生活，使其成为习惯。

这种习惯一旦形成，即使我的学习动力有所波动，我也会继续学习，直到动力再次提升。

养成学习习惯需要时间和耐心。开始时，可以设定较小的学习目标，如每天额外学习 30 分钟，然后逐渐增加学习时间。

通过本文的探讨，我们希望大家能够更好地理解和应对“三分钟热度”这一挑战，实现自己的学习目标，取得更好的学习效果。

2.5 学习长跑怎么跑完全程

“学习是一场长跑”，道出了学习这条漫漫长路上最核心的特质——它不是靠短跑冲刺的爆发，不是靠百米跨栏的技巧，而是一场需要耐力、策略、意志和持续积累的马拉松。当我们踏上这条名为“学习”的赛道，心中或许充满了对终点的憧憬，但更可能被沿途的艰辛、疲惫，甚至一度想要放弃的念头困扰。那么，究竟如何才能在这场意义非凡的长跑中稳稳地跑完全程，最终品尝到那份属于坚持者的、甘醇而厚重的胜利喜悦呢？这并非像做一道选择题那样简单，而是一份需要精心规划、不断实践、深刻反思的行动指南。

一、瞄准灯塔：目标——长跑动力的不竭源泉

马拉松比赛开始前，每位选手心中都有一幅清晰的地图，终点线如同灯塔，指引着方向。没有目标的长跑，如同身处迷雾之中，很容易让人迷失方向，在无尽的疲惫中放弃。学习亦是如此。一个明确、具体、有意义的目标，是支撑我们穿越学习迷雾、抵御懈怠与诱惑的核心动力。

这个目标，不必宏大到遥不可及，但必须真实地触动你的内心。比如你渴望进入理想的大学深造，你的目标就清晰地指向了高考或考研的分数线、目标院校的专业要求以及需要提升的各科成绩。

目标之所以要明确、具体，是因为模糊的愿望难以转化为行动的燃料。“我想学好英语”是一个愿望，而“我计划在接下来的三个月内，

每天背 30 个新单词，完成一篇英语阅读理解，并每周参加一次英语角活动”则是一个具体的目标。后者不仅描绘了终点，更暗示了通往终点的路径。

一个清晰的目标，如同马拉松赛道上的补给站和里程碑，它不仅让你知道自己在哪儿，要去哪儿，更能在你感到疲惫时，成为你心中“再坚持一下，下一个目标就在眼前”的信念支撑。想象一下，每当你完成一个小目标，比如背完一个单元的单词，解出一道困扰已久的数学题，或者写完一篇结构完整的小论文，那种成就感就会像注入体内的能量饮料，瞬间驱散疲惫，让你更有力量迈向下一个目标。这种正向反馈循环，正是目标驱动力的精髓所在。

然而，目标并非一成不变。随着学习的深入，你的兴趣可能会转移，认知可能会提升，外部环境也可能发生变化。因此，定期审视和调整目标，也是保持动力的重要一环。

二、绘制地图：计划——长跑节奏的精密掌控

长跑需要合理的配速，忽快忽慢都可能导致后半程的崩溃。学习同样需要科学的计划，它如同我们手中的导航地图，帮助我们合理分配精力，掌控学习节奏，避免前松后紧或中途耗尽“燃料”。

制订计划绝非简单的“列清单”，而是一个基于自我认知、目标导向、动态调整的复杂过程。以下步骤或许能提供一些参考：

1. 深度剖析：知己知彼，百战不殆

在制订计划之前，你需要对自己进行一次“体检”。内容包括：

盘点优势与劣势。你在哪些学科或技能上表现突出？哪些是让你头疼的“老大难”科目？诚实地面对自己的长处和短处，才能让计划更具针对性。比如，如果你数学基础薄弱，计划中就需要投入更多时间和精力，或者寻求额外的帮助。

评估时间与精力。你每天有多少可自由支配的学习时间？你的精力高峰期和低谷期分别是什么时候？了解自己的生物钟，将高强度的学习任务安排在精力充沛的时段，效率会更高。

明确知识结构。你需要学习哪些内容？这些内容之间有什么逻辑关系？哪些是基础，哪些是进阶？构建一个清晰的知识图谱，有助于你理解学习的整体框架，避免碎片化学习。

2. 化整为零：将宏伟蓝图分解，步步为营

宏伟的目标往往令人望而生畏，而将其分解

为一个个小目标，则能让学习之路变得清晰可见、易于攀登。这就像登山，不是一步登顶，而是从一个营地走向下一个营地。

长期目标→中期目标→短期目标：比如，长期目标是考 985 院校，中期目标可以是提高每个学期期末考试的成绩，短期目标则着眼于每周要学会的知识、要背诵的词句、要完成的卷子等。

3. 脚踏实地：执行计划，贵在坚持

计划制订得再完美，如果不能执行，也只是一纸空文。执行计划，考验的是我们的自律性和行动力。

对于不感兴趣或难度较大的任务，可以尝试“5 分钟法则”——告诉自己只做 5 分钟，往往做了 5 分钟后，你会更容易进入状态。

三、调和心境：情绪——长跑路上的能量调节阀

长跑过程中，身体会疲惫，意志会动摇，情绪也会起起落落。学习亦是如此。遇到难题时的沮丧，考试失利时的焦虑，进步缓慢时的迷茫，这些都是学习长跑中必然会遇到的“情绪障碍”。学会调节情绪，保持积极乐观的心态，是确保我们不掉队、不放弃的关键。

这个方法，前面已经讲过了，希望大家能有所收获，不因为情绪而影响学习状态。

四、心怀信念：相信自己——长跑最终的动力源泉

所有的目标、计划、习惯、情绪调节和寻求帮助，最终都要落脚于内心深处的那份信念——相信自己能够跑完全程，相信自己有能力克服困

难，最终取得成功。

这种信念，不是盲目地乐观，而是基于过往努力和点滴进步积累起来的自信。每一个小目标的达成，每一次难题的攻克，每一次从挫折中重新站起，都在为你注入信心的燃料。保留那些能证明你努力的证据，比如做过的笔记、写过的代码、获得过的奖励、克服过的困难，在自我怀疑的时候翻看它们，提醒自己已经走了多远。用积极、鼓励的语言和自己对话，避免“我总是搞砸”“我太笨了”这样的负面评价，尝试换成“这次没做好，下次可以改进”“这个知识点很难，但我正在努力理解”。学习长跑的胜利，不仅在于到达终点线，更在于沿途风景和自我成长。享受学习本身带来的乐趣，享受解决问题后的成就感，这种内在的满足感能支撑你度过枯燥和疲惫的时期。学习路上不可能一帆风顺，有起有伏是常态。不要因为一时的停滞或退步就全盘否定自己。接受自己的不完美，保持前进的勇气。相信自己，就是给自己颁发了一张“通行证”，允许自己穿越学习中的重重迷雾，坚定地走向那片名为“成功”的彼岸。

2.6 盯紧你的前一名

在学习的道路上，我们总是习惯性地仰望那些走在前面的人，渴望超越他们，成为更好的自己。这种“盯紧你的前一名”的心态，可以激发我们的斗志，推动我们不断进步。将目光投向那些表现更为出色的学习者身上时，我们不仅能够明确努力的方向，还能够在竞争与学习中不断提升自己。这种学习策略不仅仅是一种简单的模仿，更是一种积极主动的自我提升过程，它能够帮助我们建立明确的学习目标，激发内在的学习动力，并保持学习的专注度。

为什么需要“盯紧你的前一名”？

当我们决定“盯紧你的前一名”时，实际上是在为自己设定一个清晰可见的学习目标。明确的目标对于学习至关重要，它能够为我们的学习提供方向和动力。当我们有了具体的目标时，学习不再是漫无目的的活动，而是朝着特定方向的努力。通过观察那些表现更为出色的同学，我们能够更直观地了解成功的学习模式和方法，从而有针对性地调整自己的学习策略。这种观察和学习的过程，使我们能够将抽象的学习目标具体化，转化为可操作的学习行动。当有了明确的学习目标时，我们的学习动机和学习效率都会显著提高。在缺乏明确目标的情况下，往往会感到迷茫和无从下手，学习效果也会大打折扣。

竞争能够有效激发我的学习动力。当我看到有人比自己表现更好时，往往会生发一种“不甘落后”的心态，这种心态能够转化为积极的学习行为。竞争能够促使我更加努力地学习，争取更好的成绩。当我们专注于追赶前一名时，我们的注意力会更加集中在学习任务上，减少不必要的干扰和分心。当我们看到有人通过特定的学习方法和努力取得了成功时，我们也会更有信心，相信自己通过类似的努力也能够取得成功。这种基于现实的成功期望，能够帮助我们建立积极的学习心态，减少学习焦虑，增强学习自信心。

如何“盯紧你的前一名”？

要有效地“盯紧你的前一名”，首先需要深入了解对方的学习方法、学习习惯和时间管理策略。观察和分析那些表现更为出色的学习者，学习他们的优点，并根据自己的情况进行调整和改进。这种学习过程不仅仅是简单地模仿他人的行为，更要深入理解他人成功背后的原因，并将这些成功因素融入自己的学习策略中。通过观察他人的学习行为，我们可以发现许多有价值的学习技巧和方法，这些技巧和方法可能在我们自己的学习探索过程中未曾被发现。通过学习他人的成功经验，可以避免走弯路，更直接地找到适合自己的学习路径。例如，我们可以观察那些在某个科目上表现出色的同学，看看他们如何预习、如何做笔记、如何复习，然后根据自己的情况调整和改进。通过这种学习过程，我们可以不断完善自己的学习策略，提高学习效率和学习质量。这种竞争应该是良性的，既要有竞争意识，又要有合作精神。在竞争中，我们不仅要关注自己的进步，也要尊重他人的成功，甚至可以从他人的成功中获得启发和动力。通过与他人的比较，我们可以更清楚地了解自己的优势和不足，有针对性地调整自己的学习策略。例如，我高中时候和我们学校学习最好的学生是朋友，我们互相讨论问题，分享学习经验，这样不仅提高了学习成绩，还让我们建立了友谊。通过这种合作竞争的方式，我们可以创造一个积极向上的学习环境，激励自己和他人不断进步。

我们需要明确，“盯紧你的前一名”不是让你嫉妒或贬低对方，而是要学习他们的优点，并激发自己的斗志，不断超越自己。嫉妒是一种有害的情绪，它不仅不能帮助我们提高自己，反而会消耗我们的精力，阻碍我们学习进步。相反，我们应该以积极的态度看待他人的成功，将他人的成功视为一种激励和榜样，而不是威胁。通过欣赏他人的优点和成就，我们可以从中获得启发和动力，不断完善自己的学习策略和学习方法。同时，我们也应该认识到每个人都有自己的优势和不足，不必因为自己的某些不足而感到自卑或沮丧。相反，我们应该关注自己的进步和成长，相信通过努力，我们可以不断提高自己的学习能力和学习成绩。

2.7 本心还是懈怠

当今时代信息爆炸，诱惑纷繁，高中同学正处在一个身心快速发展的关键阶段，面临着来自外界的各种诱惑，如网络游戏、社交媒体、恋爱等。这些诱惑如同一个个美丽的陷阱，稍有不慎，就会偏离学习的轨道，陷入迷茫和困境。

在这种现状下，只有真正认为学习至关重要的人，才能无视学习路上的一切阻碍。

写这么一篇，只是希望同学们能有所注意，时刻提醒自己。我相信大家都能做出明智的选择，不会后悔，不留遗憾。

第三部分

PART 3

升级系统

接下来，我将介绍我由一名差生转变为好学生的最真实体会，我将告诉你，如何提高自己的学习效率和考试能力。

3.1 我是怎么把东西学会的

我并非天生就擅长学习，更没有过目不忘的本领。然而，通过不断探索和实践，我逐渐摸索出一套适合自己的学习方法，并在学习中取得了显著成效。这些方法的形成并非一蹴而就，而是在长期的学习实践中逐步积累和完善的。回顾自己的学习历程，我深感学习方法的重要性，也更加理解那些在学习中感到困惑和沮丧的人的感受。正是基于这样的经历和认识，我希望通过本文分享自己的学习方法和心得，希望能为正在学习道路上探索的朋友们提供一些启发和帮助。

学习方法的形成是一个循序渐进的过程，需要不断地尝试、反思和调整。在这个过程中，重要的是找到适合自己的学习方式，并持之以恒地坚持下去。正如每个人都有自己独特的指纹一样，每个人也有自己独特的大脑和思维方式。因此，学习方法的选择应该基于个人的特点和需求，而非盲目追随他人。同时，学习方法也需要随着学习内容和目标的变化而调整，保持灵活性和适应性。只有将学习方法与个人特点和学习需求相结合，才能发挥其最大的效用。

学会提问

提问是学习过程中最基础也最重要的能力之一。许多人在学习中遇到困难时，往往选择默默承受，而不是主动提问。这种态度不仅限制了知识的获取，也阻碍了问题的解决。实际上，提问是学习的起点，是探索未知世界的入口。通过提问，我们可以澄清概念，理解原理，建立知识之间的联系，从而更加深入和系统地理解。

在学习过程中，我始终保持好奇心，遇到不懂的问题就主动提问。无论是课上还是课下，我都会积极与老师、同学交流，直到完全弄懂为止。这种提问的习惯不仅帮助我解决了具体的问题，也培养了我的思考能力和批判性思维。提问不是为了表现自己，而是为了真正理解知识。因此，我不怕提问，即使问题看起来很简单或很愚蠢。我坚信，没有愚蠢的问题，只有愚蠢的答案。通过提问，我可以确保自己理解了老师讲解的内容，避免了误解和混淆。

当我们提出问题时，我们迫使自己更深入地思考知识，理解其本质和内在逻辑。这种深入思考不仅加深了对知识的理解，也培养了分析问题和解决问题的能力。例如，在学习数学时，我不会满足于仅仅知道解题步骤，而是会问自己："为什么这个步骤是必要的？还有没有其他方法可以解决这个问题？这个问题与其他问题有什么联系？"通过这样的思考，我不仅掌握了具体的解题方法，也理解了数学思维的本质，从而提高了数学能力。

通过提问，我们可以发现自己的知识盲点和思维局限，从而有针对性地进行学习和改进。例如，在学习科学概念时，我会问自己："这个概念是什么意思？它与其他概念有什么关系？它在实际生活中有什么应用？"通过这样的自问自答，我可以更全面地理解科学概念，建立知识之间的联系，形成系统的知识结构。

注重理解

在学习的过程中，我们常常面临一个根本性的问题：是选择死记硬背，还是追求深入理解？经过长期的实践和反思，我深感理解的重要性远超过记忆。死记硬背的知识往往容易被遗忘，且难以应用于新的情境；而真正理解的知识则能够长久地留在记忆中，并灵活地运用于各种场合。因此，注重理解成为我学习方法的核心原则之一。

死记硬背是学习的大敌。虽然记忆是学习的基础，但单纯记忆而没有理解，知识很快就会被遗忘。许多学生在考试前临时抱佛脚，通过反复背诵来应对考试，但考试后这些知识往往就被抛诸脑后。这种学习方式不仅效率低下，也违背了学习的初衷。相反，通过深入理解知识，我们能够将新知识与已有的知识体系联系起来，形成更加稳固和灵活的记忆。这种理解性的学习不仅提高了学习效率，也培养了思考能力和创新能力。

每个学科都有其内在的规律和逻辑体系，只有理解了这些原理和逻辑，才能真正掌握知识的本质。例如，在学习数学时，我不满足于仅仅记住解题公式，而是会思考公式的推导过程和内在原理。通过这样的思考，我不仅记住了公式，也理解了公式背后的数学思想，从而能够灵活地应用公式解决各种问题。同样，在学习科学概念时，我会思考概念的定义、性质和应用范围，理解其与其他概念的关系，从而形成系统的知识结构。

在学习过程中，我始终保持主动思考的态度，不断提出问题，寻找答案。我会思考："这个知识点为什么是这样的？它与其他知识点有什么联系？它在实际生活中怎么应用？"通过这样的思考，我可以更深入地理解知识，形成更加全面和系统的认识。同时，我也会通过查阅资料、请教老师和同学、进行实验等方式，探索知识的各个方面，加深对知识的理解。

学习不是孤立的，各个知识点之间存在着紧密的联系。通过理解这些联系，我们可以形成系统的知识结构，提高学习效率。例如，在学习历史时，我会思考不同历史事件之间的因果关系和时间线，理解历史发展的脉络和规律。在学习科学时，我会思考不同概念之间的逻辑关系和层次结构，理解科学理论的框架和体系。通过这样的联系，我们可以将零散的知识点整合成有机的整体，形成更加深刻和全面的理解。

在下一篇，我会讲一讲理解知识的方法。

善于总结

在学习的漫长过程中，总结扮演着至关重要的角色。它不仅是知识整理的过程，更是深度思考和系统构建的基石。通过总结，我们可以将分散的知识点串联成线，将零散的信息组织成系统，从而形成更加清晰和深刻的知识结构。正是认识到总结的重要性，我养成了定期总结和归纳的习惯，将知识点梳理清楚，并找出重点和难点。

每学完一个章节或单元，我都会进行总结和归纳。这种总结不仅仅是简单地复述所学内容，而是深入思考知识的本质和联系，找出其中的核心概念和关键原理。通过这样的思考，我可以更全面地理解知识，形成更加系统和深入的认识。同时，我也会找出学习中的重点和难点，有针对性地进行复习和巩固，确保自己真正掌握了所学内容。

在总结时，我不满足于表面的理解，而是会思考知识的内在逻辑和联系。例如，在学习数学时，我会思考不同概念之间的关系和层次结构，理解数学思想的本质和方法。在学习科学时，我会思考科学原理的应用和验证，理解科学方法的逻辑和程序。

在总结时，我会反思自己的学习方法和效果，找出不足之处，进行调整和改进。例如，我会思考：“我理解了哪些内容？哪些内容还需要进一步学习？我的学习方法有效吗？有哪些可以改进的地方？”通过这样的反思，我可以不断优化自己的学习方法，提高学习的效率和质量。同时，我也鼓励自己从不同的角度看待问题，突破自己的思维局限，培养批判性思维和创造性思维。

我尝试了多种总结方法，如制作思维导图、撰写学习笔记、创建知识框架等。这些方法各有特点，适用于不同的学习内容和目标。例如，思维导图适合展示知识的层次结构和逻辑关系，学习笔记适合记录学习的重点和难点，知识框架适合展示知识的整体结构和联系。

在总结时，我不会面面俱到，而是会抓住重点和难点，深入理解和思考。例如，在学习一门课程时，我会找出其中的核心概念和关键原理，深入理解其本质和意义。在学习一个章节时，我会找出其中的主要内容和重点难点，有针对性地进行总结和复习。通过这样的选择和把握，我可以更高效地进行总结，提高学习的针对性。

学习是一个持续的过程，知识也在不断更新和扩展。因此，我的总结也不是一次性的，而是需要定期回顾和更新的。我会定期回顾自己的总结和笔记，加深对知识的理解和记忆，并根据新的学习内容和理解进行更新和调整。通过这样的回顾和更新，我可以保持知识的连贯性和系统性，形成持续和深入的学习习惯。

保持专注

在当今信息爆炸的时代，专注力成为稀缺而宝贵的学习资源。学习需要专注，只有全身心地投入学习中，才能取得好的效果。因此，保持专注成为我学习方法的重要组成部分。通过排除干扰，设定目标，制订计划，我能够更高效地学习，提高学习的质量和效率。

学习环境的选择和管理是保持专注的重要前提。在学习时，我会尽量排除一切干扰，选择安静的学习环境等。通过创造一个安静、整洁、舒适的学习环境，可以减少外部干扰，提高学习的专注度和效率。

专注力的培养和锻炼是一个长期的过程。在学习的初期，可能容易分心和走神，注意力难以集中。但我们可以通过练习提高专注力。我也会通过使用番茄工作法等时间管理技巧，将学习时间分成小段，每段时间集中精力学习，休息时间适当放松，这样可以在学习时保持高度的专注力，提高学习效果。

专注力的保持需要适当的休息和调整。在学习过程中，我会注意劳逸结合，适时休息，避免过度疲劳和压力。例如，在使用番茄工作法时，我会在 25 分钟的学习时间后，休息 5 分钟，做些伸展运动或喝水等，放松身心，恢复精力。在长时间的学习后，我会安排较长的休息时间，如午休或散步等，让身心得到放松和恢复。通过这样的休息和调整，我可以保持良好的学习状态，提高学习的效率和质量。

坚持学习

学习是一个持续的过程，需要长期地坚持和努力。即使在学习上取得了一些成绩，我也不会停止学习的步伐，而是会继续保持谦虚的态度，不断学习新知识，提升自己的能力。我相信，只要坚持不懈，就一定能够取得更大的进步。这种坚持学习的态度和习惯，成为我学习的重要组成部分，也是我不断成长和发展的重要保障。

3.2 理解知识的方法

在学习的漫长过程中，每个人都有自己的故事和经历。它们不仅关乎知识的获取，更关乎方法的探索与智慧的积累。我的故事或许有些特别，但它值得深入思考和借鉴。我的语文成绩一度只有 7 分，这个分数不仅反映了我对学科内容的不熟悉，更暴露了我在学习方法上的严重缺陷。然而，一次偶然的机会，我发现抄写学长学姐笔记的学习方法并将其融入了自己的学习中，最终成功将语文成绩从 7 分提升到 90 分。这一转变虽然看似简单，实则包含了对学习本质的深刻理解。真正的学习不在于死记硬背，而在于对知识的真正理解与内化。死记硬背的学习方式虽然在短期内可能奏效，但其弊端却显而易见：容易遗忘，难以应用，学习效率低下。相比之下，通过建立联系、举一反三、主动思考和教授他人等方法来理解知识，则能够让我们真正掌握所学内容，实现从知识获取到能力形成的转变。在接下来的探讨中，我将深入分析死记硬背的弊端，详细阐述理解知识的有效方法，并分享一些具体的学习技巧，希望能为正在学习道路上探索的朋友们提供一些借鉴。通过这些探讨，我们或许能够找到一条更有效、更可持续的学习之路，让学习不再是一个痛苦的过程，而是一次愉快的心智成长之旅。

死记硬背是一种常见的学习方法，它简单直接，不需要深入思考，只需要重复即可。然而，这种看似省时省力的方法实际上隐藏着巨大的缺陷，其弊端远超过我们的想象。死记硬背最显著的弊端就是容易遗忘。纯粹的记忆缺乏理解，就像沙滩上的城堡，没有根基，风一吹就散了。当我们只是机械地重复知识点，而不去理解其内在逻辑和联系时，这些知识就无法真正融入我们的认知结构中。随着时间的推移，这些表面的记忆会逐渐淡化甚至完全消失。就像我们小时候背诵的古诗，如果没有深入理解诗的含义和情感，只是一味地机械记忆，那么多年后，我们可能只剩下零星的记忆碎片，甚至完全忘记那些曾经熟悉的诗句。这种遗忘不仅浪费了我们之前投入的时间和精力，还会在我们需要这些知识时造成困扰，尤其是在考试和实际应用中。死记硬背的另一个严重问题是难以应用。记住的知识点如果没有被理解，就无法灵活运用，遇到新的问题仍然束手无策。仅仅记住知识还不够，知识的价值更在于我们能够运用它来解决实际问题。

当我们只是死记硬背时，我们实际上只是在记忆表面的信息，而没有真正理解这些信息的含义和应用方式。因此，当我们面对新的问题和情境时，这些死记硬背的知识往往无法派上用场，就像一堆无法拼接的积木，无法构建出有意义的结构。这种无法应用的状况不仅限制了我们解决问题的能力，还可能让我们对学习产生挫折感和无力感。

死记硬背的第三个主要问题是学习效率低下。死记硬背虽然看似简单直接，但实际上需要花费大量的时间和精力，而且效果不佳，容易造成学习效率低下。机械记忆的信息留存率极低，通常在一周内大脑就会忘记大部分内容。这意味着我们需要不断重复记忆，造成了时间的浪费和精力的消耗。相比之下，通过理解来学习的方法虽然可能需要更多的初始投入，但长期来看却能节省大量时间和精力，因为理解的知识更容易记忆和留存。

此外，死记硬背还可能导致我们对学习产生负面情绪，如焦虑和厌倦，进一步影响学习效果。当我们发现自己无论怎么努力记忆都无法记住内容时，或者当我们发现记住的内容无法在实际中应用时，我们往往会感到沮丧和失望。这种负面情绪不仅会影响当前的学习，还可能影响我们对整个学习过程的态度，甚至可能导致我们对某些学科产生恐惧和排斥。因此，死记硬背虽然可能在短期内让我们通过考试，但从长远来看，它不仅不能帮助我们真正掌握知识，还可能对我们的学习态度和能力产生负面影响。

当我们认识到死记硬背的这些弊端时，就不难理解为什么我们需要寻找更有效的学习方法，特别是那些能够帮助我们真正理解知识的方法。只有深入理解知识，我们才能真正掌握它，才能在需要时轻松回忆它，并能够灵活运用它来解决各种问题。这种理解不仅能够提高学习效率，还能够增强信心和学习乐趣，让我们能够在知识的海洋中自由遨游，而不是在记忆的沙漠中艰难跋涉。

当我们真正理解知识时，这些知识就不再是

孤立的碎片，而是融入我们的认知结构中，成为我们思想的一部分。这种理解不仅能够帮助我们更好地记忆知识，还能够让我们在面对新问题和新情境时，灵活地运用这些知识。理解知识的一个核心优势是它能够帮助我们建立知识之间的联系。当我们学习新知识时，如果能够将其与已有的知识建立联系，那么这些新知识就会更容易被理解和记忆。就像建立一座桥梁，连接两岸的土地，知识之间的联系也能够帮助我们更好地组织和整合所学内容。这种联系不仅能够帮助我们避免死记硬背的困境，还能够让我们在学习过程中发现新的见解。例如，在学习文学作品时，如果我们能够将其与历史背景、作者生平以及其他文学作品联系起来，我们就能更深入地理解作品的意义和价值。理解知识的另一个重要优势是它能够帮助我们培养批判性思维。

当我们不仅仅是记忆信息，而是深入思考这些信息的意义、来源和应用时，我们就会自然而然地发展出批判性思维。这种思维能力能够帮助我们评估信息的可靠性、逻辑性和适用性，从而做出更明智的判断和决策。

在当今信息爆炸的时代，批判性思维显得尤为重要，因为它能够帮助我们从大量的信息中筛选出真正有价值的内容。理解知识还能够帮助我们培养创造性思维。当我们真正理解知识的本质和原理时，我们就有能力将这些知识应用到新的情境中，或者以新的方式组合和应用这些知识，从而产生创新的想法和解决方案。这种创造性思维不仅在学习中重要，在工作和生活中同样重要，因为它能够帮助我们解决复杂的问题，应对未知的挑战。此外，理解知识还能够帮助我们建立更深层次的学习动机。当我们不仅仅是被动地接受知识，而是主动地探索和理解知识时，我们就会发现学习本身是一种有趣和有意义的活动。这种内在的学习动机比外在的奖励或惩罚更能持久地推动我们的学习行为。理解知识还能够帮助我们避免“学习的高原期”。在学习过程中，我们往往会遇到一个阶段，即无论付出多少努力，学习效果都不会明显提升，这种现象被称为学习高原期。通过深入理解知识，我们能够冲破高原期，找到新的学习路径和方法，从而继续提高学习效果。理解知识的最后一个优势是它能够帮助我们建立终身学习的能力。在快速变化的世界中，知识和技能的需求也在不断变化。只有那些能够真正理解知识并能够灵活应用的人，才能在变化中保持竞争力和适应力。因此，理解知识不仅能够帮助我们应对当前的学习挑战，还能够为我们未来的成长和发展奠定基础。

建立联系是理解知识的关键步骤之一，它能够帮助我们将新知识与已有的知识建立关联，形成一个有机的整体。这种联系的建立不仅能够帮助我们更好地记忆知识，还能够让我们在面对新的问题和情境时，能够灵活地运用所学内容。建立联系的核心在于发现和理解知识之间的关系。

这些关系可能包括因果关系、相似性、对比性、序列性等。通过发现这些关系，我们能够将孤立的知识点连接起来，形成一个知识网络。例如，在学习历史事件时，如果我们能够理解这些事件之间的因果关系和相互影响，我们就能更深入地理解历史的发展脉络。同样，在学习科学概念时，如果我们能够理解这些概念之间的逻辑关系和层次结构，我们就能更全面地把握科学理论的体系。

建立联系的一个有效方法是寻找知识的共同点和差异点。通过比较不同知识的相似之处和不同之处，我们能够发现它们之间的联系和区别，从而更好地理解和记忆这些知识。例如，在学习不同的文学作品时，我们可以比较它们的主题、风格、人物塑造等，从而发现它们之间的联系和区别，理解不同作品的特点和价值。建立联系还能够帮助我们将抽象的知识具体化。抽象的知识往往难以理解和记忆，而通过将其与具体的事例和情境联系起来，我们能够更容易地把握其含义和应用。例如，在学习抽象的数学概念时，如果我们能够将其与实际生活中的问题联系起来，我们就能更好地理解其意义和价值。

建立联系的另一个重要方面是将新知识与个人经验联系起来。当我们将所学内容与自己的生活经历和兴趣爱好联系起来时，这些知识就会变得更有意义和吸引力。例如，在学习外语词句时，如果我们能够将其与自己的生活经验联系起来，创造一些与自己相关的例句和情境，我们就能更容易地记忆和应用这些词句。

我们不能被动地接受知识，而是需要主动地寻找和建立知识之间的联系。这种主动的探索不仅能够帮助我们更好地理解知识，还能够培养我们的思维能力和创造力。例如，在阅读书籍时，我们不应该只是被动地接受作者的观点，而是应该主动地思考这些观点与自己已掌握知识的联系，以及它们可能应用的地方。建立联系还能够帮助我们发现知识的不足和局限。例如，在学习不同的理论和观点时，如果我们能够将它们进行比较和分析，我们就能发现它们各自的优缺点和适用范围，从而形成更客观和理性的判断。

此外，建立联系还能够帮助我们发现新的见解和洞见。通过将看似不相关的知识进行联系和整合，我们可能会发现一些新的联系和规律，从而产生创新的想法和解决方案。例如，在科学研究中，许多重要的发现和突破都是通过将不同领域的知识进行联系和整合而产生的。通过建立联系，我们不仅能够提高学习效率，还能够培养批判性思维和创造性思维，为未来的成长和发展奠定基础。

举一反三

举一反三是学习过程中的一个重要能力，这

种能力不仅能够帮助我们更好地记忆和理解知识，还能够让我们在面对新的问题和挑战时，灵活地运用所学内容。

举一反三的核心在于理解知识的本质和原理。只有当我们真正理解了知识的内在逻辑和本质，我们才能将其应用到不同的情境中。例如，在学习数学公式时，如果我们只是死记硬背，而不理解其推导过程和应用条件，那么在遇到变式问题时，我们可能就无法正确应用这些公式。相反，如果我们理解了公式背后的原理和逻辑，我们就能根据具体情况灵活地应用这些公式，甚至在遇到新的问题时，能够推导出适用的公式。

举一反三的一个重要方面是通过例题和练习题，将知识点应用到不同的情境中。通过这种应用，我们不仅能够加深对知识的理解，还能够培养解决问题的能力。例如，在学习物理概念时，通过解决不同类型和难度的物理问题，我们能够更好地理解这些概念的应用范围和方法，从而在遇到新的物理现象或问题时，能够正确地应用这些概念。

举一反三还能够帮助我们发现知识的不足和局限。通过将知识应用到不同的情境中，我们可能会发现一些特殊情况或例外情况，从而认识到知识的适用条件和限制。这种认识不仅能够帮助我们更准确地应用知识，还能够促进我们对知识的深入思考和批判性分析。

举一反三的一个重要方法是主动思考和探索。我们不应该只是被动地接受知识，而是应该主动地思考知识的应用条件和方法，探索知识在不同情境中的表现和效果。例如，在学习外语词句时，我们不应该只是记忆词句的定义和用法，而是应该思考这些词句在不同语境中的含义和搭配，探索它们在实际交流中的应用。

举一反三还能够帮助我们培养创造性思维。通过将知识应用到新的情境中，或者以新的方式组合和应用知识，我们可能会产生创新的想法和解决方案。

举一反三的另一个重要方面是通过反思和总结，将经验教训转化为新的知识和能力。通过反思自己在应用知识过程中的成功和失败，我们能够发现自己的不足和改进方向，从而不断提高自己的学习效果和应用能力。例如，在解决数学问题时，通过反思自己的解题过程和方法，我们能够发现自己的思维盲点和错误习惯，从而避免在未来解题时重复这些错误。

举一反三还能够帮助我们建立知识之间的联系。通过将不同知识应用到相同或相似的情境中，我们可能会发现它们之间的联系和区别，从而形成更全面和深入的理解。此外，举一反三还能够帮助我们提高学习的效率和效果。通过理解知识的本质和原理，我们能够避免机械记忆和重复练习，而是通过少量的高质量练习，达到事半功倍的效果。例如，在学习外语语法时，通过理解语法规则的本质和逻辑，我们能够通过少量的例句和练习，掌握复杂的语法规则，而不是通过大量的重复练习来记忆这些规则。

总之，举一反三是学习过程中的一个重要能力。通过举一反三，我们不仅能够掌握所学内容，还能够培养解决问题的能力和创新性思维，为未来的成长和发展奠定基础。

学会记笔记

记笔记是学习过程中一个重要的环节，在记录所学内容的同时，还能够促进我们对知识的思考和理解。

通过记笔记，我们能够将学习内容进行整理和总结，形成自己的理解和认识，从而加深对知识的记忆和掌握。在学习过程中，我们可能会遇到大量的信息和知识，这些信息和知识可能杂乱无章，难以记忆和应用。通过记笔记，我们能够将这些信息和知识按照一定的逻辑和层次进行整理和总结，形成清晰有序的知识结构。这种结构不仅能够帮助我们更好地记忆和理解所学内容，还能够促进思维能力和问题解决能力的提升。

记笔记的一个重要作用是它能够促进我们对知识的思考和理解。当我们记笔记时，我们不仅仅是简单地复制学习内容，而是需要主动地思考和理解这些内容，分析其内在逻辑和联系，从而形成自己的理解和认识。这种思考和理解不仅能够帮助我们更深入地把握所学内容，还能够培养我们的批判性思维和创造性思维。

记笔记还能够帮助我们记录自己的思考过程和问题。在学习过程中，我们可能会产生各种想法和问题，如果不及时记录下来，这些想法和问题可能会被遗忘，或者被其他信息所干扰。通过记笔记，我们能够将这些想法和问题记录下来，以便在后续的学习中进行进一步的思考和探索。这种记录不仅能够帮助我们保持思维的连续性和连贯性，还能够促进我们发现问题和解决问题的能力。记笔记的一个重要方法是不仅要记录知识点，还要记录自己的思考过程。在记笔记时，我们不应该只是简单地复制学习内容，而是应该记录自己对这些内容的思考和理解，包括自己的疑问、见解和发现。这种记录不仅能够帮助我们更好地理解和记忆所学内容，还能够促进我们反思，提高总结能力。

记笔记还能够帮助我们建立知识之间的联系。在学习过程中，我们往往会遇到大量的孤立知识点，这些知识点之间可能存在各种联系和关系，但这些联系和关系往往不明显或不清晰。通过记笔记，我们能够主动地寻找和建立这些联系，从而形成一个更加系统和完整的知识体系。例如，在学习历史事件时，通过笔记，我们能够将不同事件之间的因果关系和相互影响清晰地展现出来，从而更好地理解历史的发展脉络。

记笔记还能够帮助我们建立学习的内在动机。当我们将学习内容通过笔记进行整理和总结时，我们会发现学习过程变得更加有趣和有意义，学习的兴趣和动力也会更大。此外，通过笔记，我们能够看到自己学习的进展和成果，从而获得一种成就感和满足感，进一步增强学习的内在动机。

记笔记的一个重要意义是它能够促进我们的反思和总结能力。通过定期回顾和反思自己的笔记，我们能够对自己的学习过程和方法进行总结和评估，从而发现自己的不足和改进方向，不断提高自己的学习效果和能力。例如，在完成一项学习任务后，通过回顾自己的笔记，我们能够反思自己的学习过程和方法，总结经验教训，为未来的学习提供指导。

3.3 我如何弥补过去的漏洞

学习就像建造一座高楼，如果地基不牢固，再华丽的建筑也会摇摇欲坠。在学习过程中，知识漏洞就像地基中的裂缝，如果不及时修补，不仅会影响当前的学习进度，还会对未来的发展造成深远影响。本文将深入探讨如何系统性地识别并弥补学习漏洞，帮助学生建立坚实的知识基础。

在我们深入探讨如何弥补学习漏洞之前，有必要先理解这些“知识裂缝”可能带来的长期影响。学习漏洞不仅仅是当下某个知识点的缺失，更可能是一个连锁反应的开始，影响着整个知识体系的构建和发展。

当学生在早期学习阶段出现知识漏洞时，这些未解决的问题会在后续学习中被不断放大，形成所谓的“滚雪球效应”。“初中知识环环相扣，一个单元没吃透，后面全链条崩塌！尤其数学、物理、英语语法。”这种情况在学生进入新学习阶段时尤为明显，例如从小学到初中或从初中到高中的过渡期间。

许多学生在进入初中后成绩出现下滑，其中一个重要原因就是知识漏洞的出现。小学阶段未能牢固掌握的基础知识，在初中学习中变得尤为关键。当学生面对更复杂的概念时，如果基础不扎实，就会感到力不从心，成绩自然会受到影响。这种现象在数学、物理等科目中尤为常见，因为这些学科具有很强的逻辑性和连贯性，新概念往往建立在先前知识的基础上。

为了应对知识不足的压力，一些学生可能会采取不恰当的应对策略，逃避困难、临时抱佛脚或机械记忆，这些策略短期内可能看似奏效，但长期来看会进一步加深学习漏洞。

弥补学习漏洞的第一步是准确识别这些“知识裂缝”。主动发现问题是一个系统化的过程，错题是暴露知识漏洞的最直接途径，但许多人往往只关注错题的数量，而忽视了错题背后反映的深层次问题。一个有效的错题回顾过程应该包括以下两个关键步骤：

首先，需要认真分析每一道错题，找出错误的根本原因。是知识点掌握不牢固，还是解题思路有问题，或者是粗心大意？只有明确错误类型，才能有针对性地制订改进策略。例如，如果错误主要集中在代数运算上，可能需要加强基础运算能力；如果是概念理解错误，则需要重新学习相关知识点。

其次，建立系统的错题记录系统至关重要。

这不仅包括记录错题本身，还应该包括错误原因分析、正确解答过程以及相关知识点链接。通过这种系统化记录，学生可以建立起个人化的“学习问题地图”，清晰了解自己的知识短板。通过回归课本，从基础知识开始复习，确保对每个概念、原理和公式有深刻的理解。整理错题本，定期回顾错题，分析错误原因，避免重复犯错。

说实话，补过去的漏洞，难点在于从哪里开始，很多人想去找“头”，我反而觉得，通过错题，学会解题方法，然后理解这个方法，再去找到底哪里没有掌握，是更合适的方法。

3.4　我怎么保持对知识的熟悉度

定期复习

定期复习是保持对知识的熟悉度的基础，也是对抗遗忘的有效手段。通过有计划、有组织地复习，我们可以将短期记忆转化为长期记忆，使知识真正内化为自己的能力。定期复习不仅仅是简单地回顾学习内容，更是一个深化理解、建立知识联系的过程。

制订科学的复习计划

制订复习计划是定期复习的第一步，也是至关重要的一步。一个科学的复习计划应该基于个人的学习情况和时间安排，既要全面覆盖学习内容，又要合理分配复习时间。在制订复习计划时，我们可以参考艾宾浩斯遗忘曲线的原理，把握记忆的黄金时间进行复习，提高复习效率。

艾宾浩斯遗忘曲线揭示了人类记忆的规律：学习后，遗忘是迅速发生的，然后遗忘速度逐渐减慢。根据这一规律，复习应该在学习后的特定时间点进行，例如学习后的 20 分钟、1 小时、1 天、2 天、7 天等时间点。在这些时间点进行复习，可以有效地阻止遗忘，加深记忆。例如，在学习新知识后的 20 分钟内进行第一次复习，可以帮助巩固刚刚学习的内容；1 小时后进行第二次复习，可以进一步加深记忆；1 天后进行第三次复习，可以阻止遗忘的加速发生；2 天后和 7 天后的复习则有助于将知识从短期记忆转移到长期记忆中。

除了遵循艾宾浩斯遗忘曲线的原理外，复习

计划还应该考虑个人的学习习惯和时间安排。有些人可能更适合在早晨复习，而有些人则可能在晚上复习效果更好。我们应该根据自己的生物钟和生活习惯，选择在适合的时间复习。同时，复习计划也应该考虑学习内容的难度和重要性，对于难度较大或重要的内容，应该分配更多的时间进行复习。

多样化的复习方法

我们可以采用多种复习方法，使复习过程更加丰富、有效。

回忆法是一种非常有效的复习方法，它要求我们尝试回忆学过的知识点。可以通过写下来或复述出来的方式回忆，这样可以检验自己对知识的掌握程度，并加深记忆。研究表明，回忆法比被动地阅读或观看学习材料更能有效地提高记忆效果。当我们在回忆过程中遇到困难或产生记忆偏差时，这正是加深记忆的好机会，因为这会促使我们更仔细地思考和深入理解知识点。

讲解法是另一种有效的复习方法，它要求我们将学过的知识讲给别人听。这种方法可以强迫自己整理思路，并发现知识之间的联系。当我们尝试向他人解释一个概念时，我们会不自觉地寻找更清晰、更简洁的表达方式，这有助于我们更好地理解并记忆这个概念。当我们无法清楚讲解某个知识点时，这也意味着我们对其掌握得不牢固，因此讲解法可以帮助我们发现学习盲点。

练习法是通过做题来巩固所学知识，并检验自己的学习成果。练习法不仅可以帮助我们应用所学知识解决实际问题，还可以检验我们对知识的理解和掌握程度。通过做题，我们可以发现自己的学习盲点和薄弱环节，有针对性地进行加强。

练习法的关键在于练习的质量和反馈，我们应该选择与学习目标相匹配的练习题，并在练习后及时获取反馈，了解自己的学习成果。

思维导图是一种视觉化工具，可以帮助我们将知识点进行梳理，建立知识框架，以便更好地理解和记忆。通过绘制思维导图，我们可以将分散的知识点连接起来，形成一个有机的整体，这有助于我们理解知识之间的联系，形成系统的知识结构。思维导图还可以帮助我们发现知识盲点和薄弱环节，有针对性地进行加强。

在进行定期复习时，我们需要注意一些事项，以确保复习的有效性。首先，复习应该及时，不要等到知识已经遗忘很多时才进行复习。其次，复习的量应该适中，不要过多或过少。复习过多会导致疲劳和厌倦，降低复习效果；复习过少则无法有效阻止遗忘，无法达到巩固知识的目的。我们应该根据学习内容的难度和自己的记忆能力，合理安排复习量，确保每次复习都能达到最佳效果。

3.5 我如何备考

学习如同一场马拉松长跑，需要持续的努力、科学的规划以及坚韧的毅力，而考试则是这场长跑中的重要节点，是对学习成果的一次系统检验。如何在这场长跑中保持良好的状态，并取得理想的成绩，是每个学习者关注的核心问题。本篇将深入探讨如何科学、高效地准备考试，帮助学习者在知识的海洋中找到方向，在智慧的征途上收获丰硕成果。

明确的考试范围和目标是备考的基础。这就像在茫茫大海中有了指南针，让学习者能够清晰地把握方向，避免盲目航行。

了解考试范围是备考的第一步，也是至关重要的一步。只有清楚地知道考试会涉及哪些内容，才能有针对性地进行复习。考试范围通常包括考试的科目、题型、难度以及评分标准等方面。以高考为例，考试科目通常包括语文、数学、英语和六门选择性考试科目；题型则可能涵盖选择题、填空题、简答题、论述题等多种形式；分值分布则决定了各部分在总分中的比重。

设定目标是备考的第二个关键环节。合理的目标设定不仅能够帮助我们明确努力的方向，还能够提供持续的动力和激励。例如，“我要在下一次数学考试中达到 120 分以上”就是一个具体可衡量的目标。

设定目标时，需要考虑自身的实际情况，包括当前的学习水平、时间限制以及个人能力等。过于理想化的目标可能会导致挫折和失败，而过于简单的目标则可能无法充分发挥潜力。因此，目标设定应该既具有挑战性，又在可实现的范围内。对于不同科目，可以根据自己的掌握程度设定不同的目标。例如，在擅长的科目上可以设定较高的目标，而在薄弱的科目上则可以设定相对较低的目标，但仍然要有一定的提升空间。

一个良好的复习计划能够帮助我们合理分配时间，明确学习任务，提高学习效率，避免临时抱佛脚的慌乱局面。复习计划的制订需要考虑多种因素，包括考试时间、个人情况、学习内容和学习习惯等，只有综合考虑这些因素，才能制订出最适合自己的复习计划。时间分配应该基于考试科目和知识点的重要程度、个人掌握情况以及时间的充裕程度等因素。对于重要的科目和薄弱环节，应该分配更多的时间；而对于次要的内容和已经掌握较好的部分，则可以适当减少时间。同时，时间分配还应该考虑学习的规律和效率，通常在早晨和晚上的学习效率较高，中午和下午可能较低。因此，可以将难度较大的学习任务安排在效率较高的时段，将简单的任务安排在效率较低的时段。

应试技巧是考试成功的关键因素之一。即使拥有扎实的知识基础，如果缺乏有效的应试技巧，也可能考试失利，无法取得理想的成绩。因此，提升应试技巧是备考过程中不可忽视的重要环节。应试技巧包括审题、答题、时间管理等多个方面，掌握这些技巧可以提高答题的准确性和效率，避免不必要的失分。

审题的目的是准确理解题意，明确题目考查的知识点和考查方式。审题不准确是考试中常见的失误之一，可能导致答题方向错误，浪费时间和精力。提高审题的准确性，要认真阅读题目，确保没有遗漏任何关键信息；要分析题目的结构和要求，明确题目考查的知识点和能力；要理解出题的意图和题中蕴含的陷阱，避免被误导或“踩坑”。

得分不仅需要正确的答案，还需要规范的表达和清晰的思路。为了提高答题的质量，要按照题目要求作答，确保答案的准确性和相关性；要表达清晰、逻辑严密，避免含糊不清或逻辑混乱；要关注卷面整洁，字迹应清晰，避免因书写潦草而影响得分。

时间管理在考试中也十分重要，它关系到答题的效率和完整性。考试时间有限，如何在有限的时间内完成所有题目，是每个考生都需要面对的挑战。提高时间管理的效率，要合理分配时间，根据题目的难易程度和分值分布，确定每个题目的答题时间；要控制答题速度，既不能过慢导致时间不足，也不能过快导致错误率增加；要预留检查时间，确保有足够的时间检查和修改答案。

心态是考试成功的重要因素之一。良好的心态可以让我们保持冷静和专注，避免因紧张或焦虑而影响发挥；而不良的心态则可能导致失误和失常，无法取得理想的成绩。

自信是良好心态的核心。自信是指对自己的能力有足够的信任和肯定，相信自己已准备充分，能够应对考试的挑战，取得理想的成绩。自信不是盲目自大，而是基于充分准备和客观评估的积极态度。培养自信，应该关注自己的进步和成就，肯定自己的努力和付出，同时也应该正视自己的不足和缺陷，制订合理的改进计划。

规律作息是良好心态的基础。规律的作息可以保证充足的睡眠和精力，维持良好的身体状态和心理状态。不规律的作息会导致疲劳、失眠和注意力不集中，严重影响学习和考试。为了保持规律的作息，应该制订合理的睡眠计划，保证每天 7 ~ 8 小时的睡眠时间，同时也应该合理安排学习和休息时间，避免过度疲劳和精力耗尽。

考前冲刺是备考的最后阶段，也是最为关键的阶段之一。在这个阶段，需要集中精力，全力以赴，为考试做好最后的准备。考前冲刺阶段不仅要复习和巩固知识，也要调整心态和个人状态。

课本是知识的源头，也是命题的依据。在考前冲刺阶段，学习者应该回归课本，回顾重点知识，加深理解和记忆。回归课本不是简单地重复和记忆课本内容，而要有目的、有重点。首先，应该关注课本中的核心概念和基本原理，确保掌握这些基础知识。其次，应该关注课本中的典型例题和习题，熟悉解题思路和方法。最后，应该关注课本中的易错点和易混淆点，避免在考试中犯低级错误。

我经常在考前进行模拟考试，模拟考试可以帮助我熟悉考试环境和考试节奏，提高应试能力和心理素质。在模拟考试中，学习者应该按照实际考试的要求和条件答题，如严格限制考试时间、按规范答题等，以获得真实的考试体验。通过模拟考试，学习者可以检验自己的学习效果，发现不足和缺陷，同时也可以熟悉考试的流程和节奏，适应考试的压力和氛围。

在本书正文的最后，让我们记住：学习是一场马拉松长跑，而考试则是对学习成果的一次系统检验。如何准备考试，决定了你能否在这场长跑中取得理想的成绩。只要方法得当并持之以恒，你一定能够取得理想的成绩。加油，每一位在学习长跑中坚持不懈的追梦人！

附录

高能方法速查手册

Q → 如何判断自己的薄弱科？

A → 有这么一种人，他考试只是比你高几分，你只要减少一次马虎失误就能超过他，但每次考试都因为各种各样的原因而排在他后面。在我看来，你们的水平是相当的。需要通过比对你们的分数来判断薄弱科，而不是单纯看成绩，因为题目难度、出题风格都会影响考试分数，但对排名的影响有限，尤其是没什么大漏洞的时候，出什么样的题目其实对水平的检测没多大影响。比如，你们的物理分数都在 60 多分，但你的化学得 80 分而他的化学得 90 分。看似你的物理分比化学分低了很多，但实际上你应该去补化学。当然我这个例子有点极端，如果你的物理只考 60

多分，还是需要重视起来的。

Q → 薄弱科如何补?

A → 由于每个人选择的科目不同，我只重点讲解语文、数学、英语该如何强化。解决的办法，依旧是了解题型，通过出题类型判断自己科目薄弱的原因。

对于语文,如果选择题做不好,就去刷题。其实在文中提取重要信息，驾驭文章，是需要对文字有一些敏感性的，多去做题然后看解析，久而久之你就会对一些词格外注意。比如完成性词语，“我吃了饭”和“我吃饭”就是不一样的，还有数字，“减小一半”这种词要格外注意。每份试卷的出题风格不一，不过出题主旨倒是相通的。

如果现代文阅读主观题答得不好，就去

记住一些常见题型应该怎么答，然后记一些知识性内容。在答题的时候，想办法把你对文章的理解和积累的知识展现在答题卡上，不要空泛地说，有时候写满一页还不如写清一个知识点得分多。记住，考试的时候，你的目的永远是把你掌握的知识展示给阅卷老师，其他东西都是其次的。

如果文言文部分得分低，也要多练。一定要读完文章再来做，因为可能有一些人名、地名会在文章中陆续出现。读文章时可以不必纠结个别的词，但如果觉得文章难以理解，就要回头看看那些跳过的词是不是关键所在，结合文章和字来猜释义，像做英语完形填空一样。主观题就按照自己对文章的理解来写。

古代诗词部分题材包罗万象，而且诗词语句短，可以记一些诗词题的作答模板。

默写题，就是去背，不要存侥幸心理。

关于作文，要掌握作文的结构：开头，三个论点及论据是主体，再用两段作结尾。把文章结构写得清晰一些，字写工整。如果你很有灵性，可以通过论点取巧得分，但如果作文是你的薄弱环节，还是推荐提高文采，多背名人名言，多背论点模板（要背观点令人耳目一新的或者用字讲究的）。开头、结尾的写法其实也有模板。

对于数学，首先你要确认知识点有没有掌握。哪块不会就去补哪里，做专项练习。对于不懂的知识点千万不要心存侥幸，不会的一定要系统地重学。

如果知识点掌握得没有问题，那就自查一下题目解法和答题速度是否有问题。

选择题，每天做一套，慢慢地你的做题

速度就提上来了，我当时能达到十几分钟做一套的速度，其实考点和易错点都是有限的，做一两个月，看啥选择题都是差不多的。难题当然也有，但是不多，而且区分度不强，因为大家基本都不会做。

三角函数、数列、立体几何、统计题这些大题在我眼里，都是送分题，课上跟上老师的节奏就差不多了。当然三角函数和数列题在选择里的形式可能非常难，但类型有限。

难点在解析几何和导数上，解析几何难在计算，这里不细说。老师可能讲过很多很好的计算方法，你听懂了，但一上手可能就不会了，所以平时多用，考试的时候才能写出来，不然，似懂非懂，因此失分是最不值得的。解析几何需要找很隐蔽的关系，需要灵感，注意日常积累就行，不要强求，我当年遇到这种题也是束手无策。

导数难在没思路，与其说是没思路，实际上是思路太多，不知道选哪条。这类大题其实被研究很久了，大家可以在网络上找到非常详细的类型解析。把一些常规操作记下来就好。另外一定要敢写，把能得到的中间结论都写上去也是好的。最近几年，导数在高考里的难度在变低。

英语听力每天都要练，练得越多越有感觉，慢慢你就能听懂内容且能抓住重点了。

阅读其实不难，多去揣测出题人的意图，考同义词，其实就是考单词的替换，一旦钻进牛角尖，就难答对了；考细节，就去原文里找，把每个细节都对上。考对文章主旨的理解和文章结构，其实就是看你读没读懂这篇文章，去认真读就行了。

完形填空很难，而且投入和回报比比较低，每一个作者都有独特的行文逻辑，刷题只能帮助我们多认识单词和词组，练习划分句子结构。

写英语作文牢记你要展现什么。一是词汇量，即词够不够地道。二是句式应用，句式够不够丰富,各种从句用了多少。三是积累，把一些生动的句子写进作文里。四是对文章的理解，文章一定要看懂，如果感到文章很别扭,一定要回头看是不是曲解了文章意思。总之，虽然叫作文，但更多的还是要表现你学了什么，把你学的东西表现出来，写得不生硬就能得一个不错的分数。

如果知识没学懂，就去问老师、找找教辅或者网络上的课程吧。

Q → 刷题有用吗？

A → 无论怎么反对刷题，刷题是最有效的提分方式之一。数学哪怕被称作反刷题的典范，但一纸卷子上的大部分题依旧是老生常谈的，题目因为被考试时间和知识范围死死地限制住了。如果全是那种天马行空的题，也失去了试卷考查学习成果的意义。不要被一些“不刷题”的口号给骗了，我所接触到的学霸，没有不刷题的，哪怕刷得很少的，他们做的题量也比普通同学多得多。

Q → 我做题很慢，没时间刷题怎么办?

A → 要争取一些刷题的时间。刷题越多，做题越快，准确率越高，能刷的题就越来越多，这是一个提升效率的正反馈。一步一步来，今天额外做一些题，明天再加点，慢慢往上加，你会发现一条比“每天跟作业死磕，新讲的学不会，以前的记不住”的学习道路强得多的捷径。

Q → 怎么快速解决做题速度慢的问题？

A → 前面的回答是让大家不要找借口拒绝刷题。现在来为大家解决一下做题速度慢的问题。

做题速度慢，原因很多，但大体就这几个：

（1）知识掌握不熟练。比方说一道化学有机题，你连基础的有机反应都没有掌握，那自然做得慢。生物题，你对一些零碎知识点没有印象，答题全靠直觉，当然焦头烂额而且做得慢。如果出于这一阶段，那就先去复习，把基础的知识学会再说刷题的问题。

（2）题型不熟悉。很多同学做题太少了，看啥题型都是新题型。很多比较经典的“难”“巧”题型，都要耗费很多心血、时间才做得出来，但在考场上你最多只有两小时，可能就做不出来了。不去接触不同题型，每一道题都要绞尽脑汁，当然做得慢。

（3）不够专注。做一两道题就开始溜号、发呆，一遇到难题脑袋就蒙，那当然做得就很慢。坐下来，让自己沉浸在答题中。把每次做题都当作考试，自然就习惯考试，其实做题做进去了，溜号是很困难的。

Q → 什么样的刷题状态是最好的？

A → 把刷题当作考试，用考试的状态来刷题就是最好的。一方面，可以锻炼你连续答题的体力和脑力，有些同学平时不练习，平时考试时就心力交瘁，到了高考的时候，就很难把最好的一面展现出来。另一方面，这种状态能提升你的“题感”，很多同学把知识学得很好，但一碰到题就想不到关联的知识，想到了也不知道怎么用，在考试的高压下，很容易失误。这样的刷题状态，其实暗中规定了每个类型题目的答题时间，通过不断练习，很容易产生肌肉记忆，能让你在考试的时候更好地把控时间。做数学选择题时，有时候一道难题能卡你 10 分钟。我练到最后，一眼就能看出题目的易错点，往往 40 分钟内就能完成全部选择题，而且正确率非常高。这些都是平日刷题积累的结果。

Q → 怎么专注？

A → 首先想一想你学习专注是在什么时候，比如考试时你很专注，自习课上写作业你很专注等，然后根据你专注的情况去对比反思，为什么你现在不能专注了，把影响你注意力的东西都排查一遍，该解决的解决，该拿走的拿走。让自己先学 5 分钟，拿起笔找一道题先做着，做着做着，你的注意力就会转移到学习上了。这是我的方法。每个人在学习期间都有学不进去的情况，每每清理完周遭令我分神的东西，我会坐下来做一套卷子，这种学不进去的感觉也就烟消云散了。

Q → 怎么合理安排时间？

A → 上学的时候跟着学校的作息就行，别浪费时间，别发呆。想用更多的时间学习，也尽量要保证六小时以上睡眠（不包括午休）。

放假的时候，按上学的时间吃早饭，吃完就去学习，完成一项任务可以休息一段时间，可以午休，晚上可以留出一些放松的时间，下楼玩会儿或者听会儿音乐。我常常晚饭后在小区里闲逛，拍各种各样的照片，让自己放松一下。

可以使用图表来安排学习时间，根据自己的时间存量和学习现状来规划，之前在正文里已经用很大篇幅介绍了。

总之，大部分时间一定要用来学习，你现在的身份是学生，学习是主业，但不要把自己逼得太紧，可以适当放松。也不一定要把自己的时间排得非常夸张，每天用 14 小时学习就已经超过大部分人了。

Q → 复习时抓不住重点怎么办？

A → 这其实是一个伪命题，如果你平时努力，基本不会有没掌握的知识点，也就是说，复习主要是让你进入考试状态，而不是去学知识。要想提前进入考试状态，可以在考试前一周，每一天做一套试卷，效果很好，起码到了考试的时候，面对考卷不慌，手不抖。

这个问题其实可以替换成怎么快速通过考试，但没多大意义，因为考试时所需要的知识点你不明白也记不住，它们只是用来应付考试的。所以有这个想法的同学，还是要在平时努努力。高考之前，所有的考试都是提醒和检测，调整好自己才是根本，难道你要在高考前几天问我怎么高考吗？这是不应该的。

Q → 上课溜号或者效率低怎么办？

A → 课堂对于成绩好的同学可能是一种特别的“自习课”，但对于大部分同学来说，跟上课堂节奏是很有必要的，大部分人会的东西，你一定要会，不然很容易被送分题击倒。总有成绩不好的同学对课堂嗤之以鼻，认为老师讲课速度慢，讲的内容和考试没关系。其实，课堂上的知识，对于大多数学生都是你有帮助的。刷题同理，大部分刷的题都是会的，遇到那种让人茅塞顿开的题其实需要运气。课上 40 分钟，可能 35 分钟讲的东西你都会，但还是要认真听，一是加深印象，二是能学到那 5 分钟里你不会的知识。我当时很少遇到不会的题，但是依旧很重视课堂。

大家一定要提高课堂参与度，老师提出问题，或者直接回答，或者在心里回答，积极做笔记。但是不要把做笔记当作听课的主要任务，笔记只是用来记录关键知识点，主要还是以理解课堂内容为主。

Q → 平时感觉都学到了，一到考场就发现不会怎么办？

A → 学会了知识，不一定会答题，不然大家都不用刷题了。起码对于我来说，看懂和会做是两回事，我常常看了一道题的答案解析，下课回来再看这道题，明明有印象但就是不知道从哪儿入手答题。这都是感觉学了，但其实没有学会的表现。而且，很多知识，只有足够熟悉，才能在考场上正确运用，有些同学考试的时候就是想不起来这些知识，考完后其他同学一提醒就恍然大悟。有时候很多灵感，需要对知识点的熟悉来支撑。所以说，只有做题才能检测学没学会，而且要弄懂、学通。有时候只背题型和答题模板是不行的，很多有水平的老师将题目改一改，同学们就做不出来了。要知道，考试的本质，就是将题目条件通过知识积累转化为答案的过程，所以平时做题时，一定要分析，思考为什么要用某个知识，这才是真正地把一道题搞懂了，才能在考场上把它做对。

Q → 明明会的题总是因为马虎被扣分怎么办?

A → 有三种原因:

（1）它本身就会有易错点。比如数学前三道选择题，考试的时候没认真看条件和要求，就会出错。这其实不算是马虎，只是看着像马虎，本质上是缺少考试经验。

（2）真马虎，比如看错数字、看错符号、看错指代关系等等。这就要求你在考试的时候头脑清晰，一定要正确标画关键信息。而且使用符号要规范，不然很容易把自己搞晕，在你考试的草稿纸上也是一样，尽可能规范演算过程，大概率就会规避这些错误。

（3）体力不足，专注度不够。做题做到一半就累了，注意力开始涣散了。这就要靠平时训练了。其实连续专注三个小时对体力要求真的不高，大家平日里要能坐住板凳。

Q → 考试的时候如何分配做题时间？

A → 任何科目的考试，理论上每部分都有一个比较理想的作答时间，平时多做练习，在考试的时候就能知道哪里做得慢了，哪里做得快了。察觉到做得慢了，就要加快速度，不要做一些无意义的重复计算，或者直接把卡住的题放弃。每一张卷子都有它的独特性，有可能前面难后面简单，所以要稳住心态。但做题时一定不要前松后紧，开考铃一响，就直接做题，争取两三分钟就进入状态。保持有这种状态并合理分配时间，相信你很快能把卷子做完。

Q → 学校作业占据大量时间，如何平衡作业、自主复习和休息？是否存在高效的学习节奏（如番茄工作法是否适合自己）？

A → 我觉得，作业往往和课堂教学挂钩，完成作业是一个基本的要求。但如果真的在完成学校作业上有难处，或者有明确的需要解决的问题，此时自主复习就是最重要的，可以把它的优先级放在前面。至于休息，很多同学认为在课间或者午休时写作业是在休息里挤时间学习，但实际上是在挤占时间休息。每个课间 10 分钟，一天的课间加午休时长有一两个小时，足够做很多事情了。我观察过很多说做不完作业的同学，他们睡得的确很晚，但他们上课溜号，下课去玩，自习也不好好上，过得很松弛。所以说，写不完作业，其实本身已经就反映了很多问题，这只是一个信号，不是病根，很值得反思，有没有用功你心里也很清楚。

至于高效的学习节奏，确实是有的，番茄工作法我之前使用过，很有效，尤其是过完年那一段时间，用来收心过渡很好用，而且让我的学习效率很高。如何平衡学习和休息，其实还是要大家自己去摸索，有时候你的确需要休息了，就去休息，但需要休息和想休息，这二者是完全不同的。

Q → 考试前一天应该通宵复习还是早睡？熬夜复习真的会影响发挥吗？

A → 早睡。熬夜复习会影响发挥。

一个正常学习的学生，完全没必要通宵复习，有时候甚至找不到要复习的知识。平时多用功，考前攒精力，才是合适的。

Q → 如何减少手机 / 社交媒体的干扰？是否需要完全戒断还是制定使用规则？

A → 我的建议是完全戒断。小说、短视频、游戏的诱惑，初高中生是完全抵抗不了的。我上小学的时候天天玩游戏，到了初一就戒了，刚开始确实有点不适，后来过了一段时间也就好了，这其实是一个把你的快乐阈值调到正常水平的过程。手机和社交媒体不断刺激你的感官，提高你的快乐阈值，你为了情绪不低落，只能从手机和社交媒体中寻求刺激，这是一个很糟糕的过程。当然，用手机去找学习资料是可以的，但要严格控制使用时间。制定使用规则也是一个很好的方式，但是一定要严格遵守。

Q → 如何避免因一次考试失利陷入自我否定？如何正确看待模考成绩？

A → 有时候努力了一两个月，考试排名反而更靠后了，本来就闹心，外加老师和家长给的或多或少的压力，就更难受了，的确很容易陷入自我否定。但我之前其实说过了，我的成绩也是阶梯式提升的，比如年级四五十名维持了一个学期，本以为无论怎么努力都是这样了，但这学期过后成绩突然就变好了。前面说过，我初中刚开始时学习不好，大概在年级一百名，持续了一年，到初二，一下子就变成年级前十了。或许你也在经历这种过程，也许你再努力一两个月就突然进步了，很多黑马不都是这样过来的吗？还是那句话，努力远比不努力好。没必要自我否定，有瓶颈期是很正常的。记住，学习是你当下最重要的事，他人的评价和考试的排名，都没必要太过在意。

模考其实就是一个检测和熟悉知识的过程，用模考好好适应高考的考试节奏，通过题目适应出题风格，很多题目都是出题老师仿照高考风格出的。用模考成绩去检测自己的漏洞，有漏洞就去补。其实从模考到高考还有很长一段时间，补一些科目的漏洞，时间绰绰有余了。

Q → 复习时应该重刷错题还是重新梳理课本？

A → 对于数学、物理，我更喜欢重刷错题，因为知识点系统性强，没有零碎知识点，难点在于如何答题。对于语文，我喜欢看笔记。对于化学、生物，我更喜欢重新梳理课本。这几科知识点稀碎，难点在于全面地学会学懂。

Q → 错题本应该如何高效利用？

A → 多看多想就好。把题目和解题步骤放到上面，然后开始思考为什么这么写，是看到哪个条件、联想到哪个知识点才这么做的。不断思考，你慢慢就会知道一类题的答题思路和应用知识点的路径。然后把答案盖上，重新写一遍解题步骤，可能刚开始容易卡住，但多多复习，运用我前面正文写的遗忘曲线，每隔一段时间回忆一下，用不了几次，你就会对这个题型烂熟于心了。

Q → 如何保证自己考试写作文时能审准题?

A → 这几年的高考作文题的确稍有难度，作为学生，我们知道作文总有一个主旨。与主旨相关的词语，大部分和社会主义核心价值观有关。

如何把论点写得精彩，其实在于对材料的分析。可以从多个角度分析，总能找到一个适合的点。只要有理有据，且论点的确能从材料中分析出来，大概率老师都会正常给分的。

Q → 计算错误频繁是因为熟练度不足还是注意力分散？如何进行针对性训练？

A → 我觉得二者兼具吧。其实不用做针对性训练，有漏洞就去做专项练习，没漏洞就去做套试卷，做得多了自然计算又快准确率又准。

Q → 如何高效利用课外辅导资源？

A → 课外有很多系统性的资源。如果你需要个性化的资料，网络上也有相应的视频课，各种类型的题目都能分析得很全面、很清晰。看视频课时，也要动笔，做好笔记，课后找点题做，不然就只是看会了，一上手做题还是不知道从哪儿下笔。

网络上也有很多题目，一些公众号和网站都是我高中时候经常使用的，里面的题很好、很新，对我帮助很大。

Q → 如何利用往年的试卷发现哪些是高频考点哪些是重点考点?

A → 把历年卷子都做了，批改好了，都搞懂，你就会发现很多卷子其实“基底”是一样的。这个时候，你再随便拿一张以前的卷子，会发现大部分内容都是换汤不换药，所考的知识点也很类似。近几年貌似有一些考点变化，不过能出的题终究是有限的，而且一张卷子不过几十道题，一些重要的知识点不得不考，对于出题人来说限制也是很多的，所以多做并搞懂，还是能发现一些“必考题”的。